Graciliano Ramos
Biografia ilustrada

Graciliano Ramos
Biografia ilustrada

SELMA CAETANO

EDITORA RECORD
RIO DE JANEIRO • SÃO PAULO

2014

CIP-BRASIL. CATALOGAÇÃO NA PUBLICAÇÃO
SINDICATO NACIONAL DOS EDITORES DE LIVROS, RJ

C87g Caetano, Selma
   Graciliano Ramos: biografia ilustrada / Selma Caetano. –
1. ed. – Rio de Janeiro: Record, 2014.

   ISBN 978-85-01-06818-7

   1. Biografia. I. Título.

14-14846
CDD: 869.93
CDU: 821.134.3(81)-3

Copyright © Selma Caetano, 2014

Texto revisado segundo o novo Acordo Ortográfico da Língua Portuguesa.

Editoração eletrônica: Abreu's System

Impressão e acabamento: Lis Gráfica e Editora Ltda.

Direitos exclusivos desta edição reservados pela
EDITORA RECORD LTDA.
Rua Argentina, 171 – Rio de Janeiro, RJ – 20921-380 – Tel.: 2585-2000,
que se reserva a propriedade literária desta tradução.

Impresso no Brasil

ISBN 978-85-01-06818-7

Seja um leitor preferencial Record.
Cadastre-se e receba informações sobre nossos lançamentos e nossas promoções.

Atendimento e venda direta ao leitor:
mdireto@record.com.br ou (21) 2585-2002.

Agradecimentos

A editora Record e a autora agradecem o apoio das seguintes instituições:

Arquivo Público de Alagoas/APA

Festa Literária Internacional de Paraty/FLIP

Imprensa Oficial Graciliano Ramos

Museu Casa Graciliano Ramos

Instituto de Estudos Brasileiros/IEB-USP

Projeto Portinari

Agradecemos também aos fotógrafos:

André Cypriano

Evandro Teixeira

Walter Craveiro

E finalmente meu agradecimento especial a

José Castello

Josélia Aguiar

Lourival Holanda

Lucia Caetano

Lucia Riff

Luíza Ramos Amado

Maria Edina e João Candido Portinari

Maurício Melo Júnior

Noélia Coutinho

Sumário

- 9 **Meu pai**, LUIZA RAMOS AMADO
- 12 **Palavra**, WANDER MELO MIRANDA
- 15 **Conversas de Graciliano Ramos**, SELMA CAETANO
- 19 **A palavra foi feita para dizer**
- 21 **1892-1926**
  - 23 Uma vida de mudanças: Quebrangulo, Buíque, Viçosa, Palmeira dos Índios
  - 28 Rio de Janeiro: curta passagem pela capital do país
  - 29 Volta a Palmeira dos Índios
  - 29 Comerciante estabelecido
  - 30 *O Índio*
- 33 **1927-1935**
  - 35 Prefeito de Palmeira dos Índios
  - 37 Os relatórios do prefeito Graciliano Ramos
  - 40 *Caetés*
  - 40 Maceió
  - 41 Lampião e o cangaço
  - 42 Lampião entrevistado por *Novidade*, IEDA LEBENSZTAYN E THIAGO MIO SALLA
  - 43 *S. Bernardo*
- 45 **1936-1944**
  - 47 A prisão
  - 50 *Angústia*
  - 50 A liberdade
  - 51 *A terra dos meninos pelados*, RICARDO RAMOS FILHO
  - 54 Rio de Janeiro: agora pra valer
  - 55 *Vidas secas*
  - 58 Carta a Getúlio Vargas
- 63 **Baleia: A força da ilusão**, JOSÉ CASTELLO
- 67 **1945-1953**
  - 69 Filiação ao Partido Comunista do Brasil (PCB)
  - 71 A militância política e a Constituinte de 1946
  - 74 1945: começo de um período produtivo
  - 76 Início da redação de *Memórias do cárcere*
  - 77 Viagem a Moscou
- 83 **Graciliano e Portinari, uma amizade**
  - 91 A política
- 93 **Os manuscritos: lugar de peleja pela expressão objetiva**, LOURIVAL HOLANDA
- 99 **Prosador como o diabo: conversas de Graciliano Ramos**, IEDA LEBENSZTAYN E THIAGO MIO SALLA
- 103 *GloboNews Literatura Graciliano Ramos*
- 108 **Créditos**

Meu pai

LUIZA RAMOS AMADO

Um homem de palavras precisas. Conversador, meticuloso, irônico, afetivo com a família. Meu pai morreu quando eu tinha 23 anos, mas essas duas décadas de convivência marcaram toda a minha vida.

Eu nasci em 1931, em Maceió, para onde meu pai se mudou com a família ao ser nomeado diretor da Imprensa Oficial. De 1933 a 1936, foi diretor da Instrução de Alagoas, e a vida seguia seu ritmo natural. Morávamos em Pajuçara, onde vivíamos cercados de amigos, que iam à praia com a gente. Entre eles, José Lins do Rego, Valdemar Cavalcanti, Rachel de Queiroz e o marido, José Auto.

Nunca vi meu pai calado; estava sempre conversando, na rua, em casa, no almoço, no jantar, com a família, com os amigos. No interior de Alagoas, na casa de meu avô Sebastião, era a mesma coisa. Mesa enorme, cheia de gente, todos conversando. Mas Graciliano não tinha sotaque alagoano marcado, não abria nem fechava a vogal. Nunca chamou minha mãe de "Helóisa", como se falava no Norte. Com ele, a prosa seguia em voz baixa e devagar.

Na página ao lado, Graciliano Ramos, Maceió, Alagoas, 1935

Luiza e Ricardo de Medeiros Ramos,
Palmeira dos Índios, Alagoas, 1933

Nesse mesmo tom, nos fazia dormir contando os clássicos da literatura, *Alice no país das maravilhas*, *O gato de botas*, *O barão de Munchausen*, os contos de Grimm. Gostava de crianças, ficava bem quando estava com elas. E recitava... recitava Verlaine o tempo todo, mas também outros franceses, e Bandeira.

Dessa época, não tenho lembranças dele como escritor. Recordo-me da prisão, quando eu tinha cinco anos, porque foi um momento muito marcante, e das conversas sobre política, pois em casa não se falava de outra coisa. Tanto que eu, com cinco anos, me declarei comunista como ele. Mas o escritor, só vim a conhecer mesmo no Rio de Janeiro.

Em 1937, ele foi libertado, no Rio. Mamãe foi a Maceió nos buscar – eu e minha irmã Clara – de navio, em pleno Carnaval. Meus irmãos não puderam ir. Quando saiu da prisão, meu pai se hospedou na casa de Zé Lins, mas com a nossa chegada se mudou para a pensão na rua Correia Dutra, 164. Moramos lá, em um único quarto da pensão.

Ele fez questão de nos mostrar a cidade – o Rio antigo, a Glória, o Campo de Santana. Às vezes, cansávamos porque ele andava e falava ao mesmo tempo, atravessava a rua sem olhar, fumando e olhando para o chão. E com ele conhecemos também os cinemas cariocas. Íamos quase todas as noites assistir aos filmes de Frank Capra, às comédias americanas, aos filmes ingleses. No cine Guanabara, em Botafogo, assisti com ele a *Pigmalião*.

Era de madrugada, depois das sessões de cinema e enquanto todos dormiam, que Graciliano escrevia. Muitas tardes, mamãe saía com a gente para ele poder dormir. Acompanhamos nessa época a escrita de *Vidas secas*. O Rubem Braga, que também morava na pensão, tem uma crônica que diz "eu vi esse livro nascer". Nós também vimos. Para mim era real, mamãe era Sinha Vitória, meu pai era Fabiano, eu era a menina mais velha, Clara, a menina mais nova.

E, quando ele escreveu *A terra dos meninos pelados*, me chamava de Caralâmpia – nome inventado por Nise da Silveira.

Já com *Memórias do cárcere* foi diferente. Morávamos em Laranjeiras e líamos em voz alta para os amigos que frequentavam a casa. Lemos o livro aos pedaços, e, talvez por isso, nunca imaginamos o sucesso que seria. Quando foi lançado, foi uma revelação, mas ele já havia falecido. Nunca chegou a saber que, na Livraria José Olympio, vendiam-se de 30 a 35 livros por dia. Sucesso de vendas e de crítica, que logo teve uma segunda edição.

Memórias do cárcere é meu livro preferido; o de Graciliano, *Angústia*. Seu autor preferido, Tolstói; o meu, Stendhal. Em casa líamos e conversávamos sobre literatura. As leituras atiçavam os sentimentos.

Sábio, o tempo nos consente apenas boas lembranças. Até mesmo as muitas histórias inventadas sobre Graciliano Ramos perderam o vigor. Como aquela, que dizia que o presidente Getúlio Vargas, ao passear à noite na praia do Flamengo, teria cumprimentado Graciliano, mas este não retribuiu o aceno. Impossível, por vários motivos. Primeiro, porque meu pai não sairia à noite para passear no Flamengo, a não ser para conversar, no bar, com os amigos Aurélio Buarque de Holanda, Valdemar Cavalcanti, entre outros. Depois, porque ele não reconheceria Getúlio se o visse na rua, e, se alguém o cumprimentasse, meu pai jamais deixaria de retribuir.

Por isso, por muitas dessas histórias inventadas, sou contra os depoimentos. Como este.

Palavra

WANDER MELO MIRANDA

Imagem 1. O menino, com os olhos inflamados e doloridos, sem enxergar, sofre em silêncio. Da mãe recebe o apelido irônico e violento de cabra-cega. Sozinho no quarto ouve os sons da rua, das conversas dentro de casa – "Na escuridão percebi o valor enorme das palavras."

Imagem 2. Os adultos discutem questões de religião, deixam o menino atordoado. Refugia-se na companhia de umas moças, que lhe elogiam o paletó mal-ajambrado e cor de macaco. Nova descoberta: "aquela maneira de falar pelo avesso (...) num jogo de palavras que encerrava malícia e bondade."

A compreensão do mundo para o menino Graciliano passa pela escuta atenta do outro, traduzida em urdidura rigorosa das palavras pelo adulto escritor. Por isso a linguagem de seus textos é autorreflexiva, voltada para si mesma e aberta paradoxalmente ao leitor, na forma de uma conversa franca que os deslocamentos do "como se" da ficção impõem, ao transformar escrita e leitura num vasto campo de experimentação do sujeito, que as figuras de Luís da Silva e Paulo Honório, por exemplo, sintetizam com rigor.

Mais do que um recurso de linguagem de que o escritor lança mão com frequência, a ironia é um modo de percepção do mundo – vê-lo "pelo avesso", de uma perspectiva descentrada, na qual nada se mostra de maneira definitiva. A indecisão e a dúvida são pontos de inflexão que permeiam essa relação conflituosa do sujeito com a palavra e consigo mesmo, conferindo aos narradores e às personagens de Graciliano um estatuto diferenciado em relação a seus pares.

A fala regional por si só não assegura a legitimidade da escrita. Ela tem de passar pelo crivo de uma cerrada elaboração letrada, que se deixa, no entanto, contaminar em sua forma pelos pontos de resistência daquela, num embate incessante pela expressão mais adequada. Nesse processo de redução da linguagem a um mínimo denominador comum, é preciso cortar tudo que extrapola o objetivo inalcançável de chegar ao coração da matéria, lá onde estão a miséria e a grandeza dos homens e mulheres que povoam o universo de Graciliano.

Infância, Rio de Janeiro, José Olympio, 1945

Há aí uma exigência política de assumir a escrita literária como intervenção compartilhada – e diferenciada – no campo do agir humano, em busca de um silêncio que procura fazer-se ouvir, desobstruindo suas vias de expressão. Para tanto, o escritor tem de se mover no interior de um sistema fechado e a ele impor resistência, no afrontamento do interdito por meio da ironia e da redução da linguagem ao mínimo que a faz funcionar sem perder a carga de contestação que encerra – *Liberdade completa ninguém desfruta: começamos oprimidos pela sintaxe e acabamos às voltas com a delegacia de ordem política e social, mas, nos estreitos limites a que nos coagem a gramática e a lei, ainda nos podemos mexer.* [1]

Fora e dentro da vida, os livros de Graciliano Ramos são exercícios obsessivos de liberdade da palavra, a que o autor se dedicou ao longo dos anos com destemor e rara capacidade artística. Testemunhos do presente e projeção do futuro, são, por fim, expressões da "intratável beleza" da história de homens e mulheres aqui e agora.

[1] Memórias do cárcere, *Rio de Janeiro, Record, 2011, p. 12.*
Wander Melo Miranda é professor de Teoria da Literatura e Literatura Comparada na Universidade Federal de Minas Gerais e diretor da Editora da UFMG. Supervisor do projeto de reedição da obra completa de Graciliano Ramos pela editora Record, é autor de vários livros de ensaios, entre eles *Corpos escritos: Graciliano Ramos e Silviano Santiago*, Edusp/Editora UFMG; *Graciliano Ramos*, PubliFolha; *Nações literárias,* Ateliê.

Conversas de Graciliano Ramos

SELMA CAETANO

Havia um outro lado de Graciliano Ramos que não é conhecido e que se distancia de seu tipo quieto, calado e introspectivo. As conversas de Graciliano ao longo de sua trajetória literária e política relativizam essa imagem de um casmurro avesso à entrevista e ao bate-papo, que externaria sua energia comunicativa apenas na produção literária – o que não era pouco.

O próprio escritor nos deixa essa falsa ideia quando declara, por exemplo, ao jornalista Ruy Facó: *na verdade muitos dias preferiria ficar quieto, sem trocar palavra*. Ou, ainda, quando desabafa a Joel Silveira: *prefiro a cadeia. Aqui eu tenho que falar, discutir e possivelmente dizer tolice. Na cadeia, estou descansado e tranquilo.*

Na página ao lado, Graciliano Ramos, Rio de Janeiro, 1949

Na página ao lado, Graciliano Ramos, Rio de Janeiro, 1950

Não acreditemos plenamente nessas afirmações do romancista. Embora elas devam ser levadas em conta, pois o escritor pensava muito e falava pouco, Graciliano tinha sempre algo de útil ou interessante a dizer. Por isso era assediado por repórteres, críticos e escritores, principalmente após a publicação de *Vidas secas*. E por isso ficava horas, diariamente, na Livraria José Olympio, na Rua do Ouvidor, num banco no fundo da loja a conversar com amigos, conhecidos e jornalistas. "Um banquinho, incômodo como banco dos réus, teatro de conversas saborosas", como Otto Maria Carpeaux descreveu o lugar preferido do velho Graça.

Partilharam esse hábito do autor de *Vidas secas* críticos e jornalistas tarimbados como Brito Broca, Carpeaux, Joel Silveira, e inúmeros repórteres menos experientes, que se sentiam desamparados diante do laconismo de Graciliano. Muitos deixaram registrados seus depoimentos e as falas do escritor. Conta Thiago de Mello, em um desses depoimentos, que um dia Lúcio Rangel encontrou Graciliano sozinho, recitando em voz audível, embora baixa, os versos de Bandeira:

"– Sino de Belém
Bate bem, bem, bem...
Sino da paixão
Bate bão, bão, bão..."

Quando deu pela presença de Lúcio, ficou vermelho, encabulado, como se tivesse sido flagrado em grave delito.

Graciliano Ramos: biografia ilustrada revela essa outra faceta do autor por meio de suas falas e de vozes diversas. Um homem tímido e desconfiado, estereotipado como seco, rude, de poucos amigos. Um homem que, sem nenhum transbordamento de felicidade, era bem-humorado, considerando-se as várias adversidades que sofreu; afetuoso, mesmo tendo os pés fincados na realidade de um mundo hostil; um homem que sorria quando havia motivo; que bebia e fumava porque gostava; que conversava com a mesma precisão e concisão com que usava a palavra escrita; um homem de grande compaixão e de simpatia com todos os seres humanos, embora crítico e intransigente com todas as obras e todos os autores, inclusive consigo mesmo e com suas criações.

Mestre Graciliano! Um romancista cuja obra sólida e de indiscutível valor já está consagrada no mundo. Um escritor que teve os seus direitos violentados sem poder defender-se e que, como Dostoiévski em *Recordações da casa dos mortos*, soube transformar a experiência da prisão na arte das *Memórias do cárcere*. Um escritor que criou obras de valor universal, como *Vidas secas*.

Selma Caetano é curadora e produtora cultural. Entre seus projetos estão a curadoria do Prêmio Portugal Telecom de Literatura em Língua Portuguesa, do II Seminário Internacional de Crítica Literária, do Itaú Cultural, e a idealização e curadoria do Instituto Cultural Carrefour. É organizadora, junto com José Castello, de *O livro das palavras, conversas com escritores*, da Editora Leya.

A palavra foi feita para dizer

Na página ao lado *Lavadeiras*, Portinari, 1951, pintura guache, 30,3x29,5cm

Graciliano tinha uma teoria sobre a tarefa de escrever que muito ensina a jornalistas e escritores. Sobre ela falou em uma conversa com Joel Silveira, na Livraria José Olympio.

Pelo menos duas vezes por semana o jornalista ia à livraria para "arrancar" de Graciliano uma "boa conversa". Desses encontros nasce uma amizade que o próprio Silveira detalha em livro: "algumas vezes, quando não estava ensimesmado, curtindo sozinho a sua acidez, gostava de puxar conversa, pulava de um assunto para o outro, baforando forte ou segurando entre os dedos a guimba do cigarro ordinário. Outras vezes, e eu percebia logo isso só de ver a sua carranca, não queria muita conversa, me despachava seco, e nessas ocasiões eu sabia que não devia insistir, ia embora".

Logo depois desses encontros, Joel Silveira corria para anotar tudo o que o mestre Graça havia falado. Essas conversas, memoráveis pelo bom humor e tom crítico, transformaram-se em depoimentos conhecidos de Graciliano Ramos, como "A palavra não foi feita para enfeitar":

Quem escreve deve ter todo o cuidado para a coisa não sair molhada. Quero dizer que da página que foi escrita não deve pingar nenhuma palavra, a não ser as desnecessárias. É como pano lavado que se estira no varal. Deve-se escrever da mesma maneira como as lavadeiras lá de Alagoas fazem seu ofício.

Elas começam com uma primeira lavada. Molham a roupa suja na beira da lagoa ou do riacho, torcem o pano, molham-no novamente, voltam a torcer. Depois colocam o anil, ensaboam, e torcem uma, duas vezes. Depois enxáguam, dão mais uma molhada, agora jogando a água com a mão. Depois batem o pano na laje ou na pedra limpa e dão mais uma torcida e mais outra, torcem até não pingar do pano uma só gota. Somente depois de feito tudo isso é que elas dependuram a roupa lavada na corda ou no varal, para secar. Pois quem se mete a escrever devia fazer a mesma coisa. A palavra não foi feita para enfeitar, brilhar como ouro falso, a palavra foi feita para dizer. [1]

[1] *Graciliano em conversa com Joel Silveira*, em Na fogueira: memórias, Rio de Janeiro: Mauad, 1998, pp. 281-5.

1892-1926

Uma vida de mudanças:
Quebrangulo, Buíque, Viçosa e Palmeira dos Índios
Rio de Janeiro: curta passagem pela capital do país
Volta a Palmeira dos Índios
Comerciante estabelecido
O Índio

Na página ao lado, a casa onde nasceu, em Quebrangulo, Alagoas

(1) *Graciliano em entrevista a Francisco de Assis Barbosa, "A vida de Graciliano Ramos",* Diretrizes, *Rio de Janeiro, 29 out. de 1942, pp. 12-3,15.*

Uma vida de mudanças

Caetés *é uma história de Palmeira dos Índios.* S. Bernardo *se passa em* Viçosa. Angústia *tem um pouco do Rio, um pouco de Maceió e muito de mim mesmo.* Vidas secas *são cenas da vida do Buíque.* [1]

Graciliano Ramos viveu em várias cidades do Nordeste ao longo da infância e da mocidade. E, a cada mudança, um novo registro para seus romances, como se observa no depoimento acima, dado a Francisco de Assis Barbosa.

Quebrangulo

Graciliano Ramos nasce a 27 de outubro de 1892, em Quebrangulo, Alagoas. De sua cidade natal, poucas lembranças, pois com um ano muda-se para Buíque, no sertão de Pernambuco, onde, a conselho dos sogros, seu pai, Sebastião Ramos de Oliveira, compra uma fazenda. O êxito do sogro serve de exemplo e Sebastião toma posse de um bom pedaço de terra e algum gado, confiando no futuro.

Sítio Pintadinho, dos avós maternos, em Buíque, PE, onde Graciliano morou dos 2 aos 7 anos; foto de Evandro Teixeira

Buíque

Logo, Sebastião deixa para trás a vida de luta em uma região que oscila entre a seca que suga e mata o gado magro e o aguaceiro que empapa o solo e transborda os rios, além das inesperadas visitas dos cangaceiros. Persuadido de que no comércio dará à família uma vida mais digna, abre uma loja de tecidos na vila.

Graciliano passa os primeiros anos entre a vila e a fazenda do avô. Na vila de Buíque, frequenta a primeira escola e aprende o ABC *aguentando pancada*. São da fazenda do avô as lembranças dos *dois currais, o chiqueiro de cabras, meninos e cachorros numerosos soltos pelo pátio, cabras em quantidade*, cenas que anos mais tarde viriam a compor o cenário de *Vidas secas*. São de Buíque as memórias da criança maltratada e incompreendida contadas no livro *Infância*:

A notícia veio de supetão: iam meter-me na escola. Já haviam falado nisso em horas de zanga, mas nunca me convencera de que realizassem a ameaça. A escola, segundo informações dignas de crédito, era um lugar para onde se enviavam as crianças rebeldes. Eu me comportava direito: encolhido e morno, deslizava como sombra. [2]

O lugar de estudo era isso. Os alunos se imobilizavam nos bancos: cinco horas de suplício, uma crucificação. Não há prisão pior que uma escola primária do interior. [3]

[2] Infância, "Escola", Rio de Janeiro, Record, 2012, p. 118.

[3] Infância, "Os astrônomos", Rio de Janeiro, Record, 2012, p. 206

Casa da Ladeira da Matriz, que pertenceu ao tabelião Jerônimo Barreto, onde Graciliano buscava livros; Matriz do Senhor do Bonfim, onde foi coroinha; Viçosa, Alagoas, anos 1920

Viçosa

Depois de passar quase uma década em Pernambuco, em 1899 a família volta para Alagoas e instala-se em Viçosa, onde o pai tem parentes com posição respeitável. Enquanto o pai embrenha-se em um cargo público, o adolescente embrenha-se na biblioteca do tabelião Jerônimo Barreto, devorando romances de toda espécie.

Como levava uma vida bastante chata, habituei-me a ler romances. Os indivíduos que me conduziam a esse vício foram o tabelião Jerônimo Barreto e o agente do correio Mário Venâncio, grande admirador de Coelho Neto e também literato. [4]

Graciliano lembra em *Infância* que, pelas mãos de Jerônimo, lê o primeiro livro, *O guarani*, de José de Alencar.

Expressei-me claro, exibi os gadanhos limpos, assegurei que não dobraria as folhas, não as estragaria com saliva. Jerônimo abriu a estante, entregou-me sorrindo O guarani, *convidou-me a voltar, franqueou-me as coleções todas.* [5]

O agente dos Correios e intelectual Mário Venâncio é membro do clube literário A Instrutora Viçosense, onde os letrados da cidade se reúnem todas as noites. Graciliano, o mais jovem dos membros, lê os jornais e revistas francesas, inglesas e italianas que o clube assina. Venâncio é também editor de

[4] Graciliano em entrevista a Joel Silveira, "Graciliano conta a sua vida", Vamos Ler!, Rio de Janeiro, 20 abr. 1939, pp. 9-10.

[5] Infância, "Jerônimo Barreto", Rio de Janeiro, Record, 2012, p. 231.

Vista parcial de Viçosa: ao centro, a matriz e a Rua Epaminondas Gracindo, onde Graciliano morou; à direita, o hospital

O Dilúculo, jornal do Internato Alagoano de Viçosa, em que Graciliano estuda. Nesse jornal, Graciliano publica seu primeiro conto, "O pequeno pedinte". Com Mário Venâncio e Jerônimo Barreto, Graciliano inicia sua formação de escritor e uma série de colaborações em periódicos, todas assinadas com pseudônimos, entre eles Feliciano de Olivença, Soeiro Lobato e Soares de Almeida Cunha.

Comecei a escrever aos dez anos de idade, como redator de um jornal para crianças chamado Dilúculo editado em minha cidade natal. Era uma folha impressa em Maceió, com duzentos exemplares de tiragem quinzenal. Eu não acreditava na minha colaboração literária nem na minha vocação. Até hoje não me considero escritor nem jornalista. Fui obrigado a escrever porque não tinha outro ofício. Todas as portas estavam fechadas. Gostaria de poder viver sem trabalhar, como muita gente...[6]

Se na paisagem Viçosa é diferente de Buíque, mais engenhos de açúcar, menos criação de gado, no sistema econômico pouco diferia. Em plena Zona da Mata, as terras são desoladas pela seca, o latifundiário subjuga o lavrador e as lutas de terra são igualmente sangrentas. Nesse cenário, Graciliano "conhece" Paulo Honório e se inspira para escrever seu segundo livro, S. Bernardo.

[6] *"Afirma Graciliano Ramos: 'Não me considero um escritor'."* Folha da Manhã, São Paulo, 25 set. 1949, p. 35.

Palmeira dos Índios, Alagoas,1920, ano da chegada da família de Graciliano Ramos

Palmeira dos Índios

Em Viçosa, Leonor, uma de suas irmãs, adoece e recebe ordens médicas para "tomar ares no Sertão". Com o pretexto de curar a filha, Sebastião Ramos, já promovido a coronel, leva a família para Palmeira dos Índios e volta a viver do comércio.

Aos dezoito anos, Graciliano torna-se sócio da loja de tecidos do pai, que o quer fazer comerciante. Nada de literatura. Graciliano escreve e estuda às escondidas, faz sonetos e os envia para os jornais de Maceió, onde são publicados, sempre com pseudônimo. Nessa época, compra livros em São Paulo, por intermédio da Agência Chiaves e do *Mercure de France*. Lê os franceses, os ingleses, os russos e os italianos e tem preferência por Balzac e Tolstói. Em 1914, lê Karl Marx — *O capital* — numa tradução italiana recebida da agência de São Paulo. Concomitantemente, lê Kropotkine e Nietzsche.

Em carta ao amigo Joaquim Pinto da Mota Lima Filho, de 8 de fevereiro de 1914, Graciliano se refere às leituras: *Eu não faço nada. Comecei a ler a* Origem das espécies, O capital, A adega, *uma infinidade de gramáticas e outras cacetadas. De nenhum livro cheguei a ler vinte páginas.*

Rio de Janeiro, década de 1920

Rio de Janeiro: curta passagem pela capital do país

Mas a vida de comerciante não o atrai e Graciliano tem outros planos: cansado do comércio, tenta a vida na então capital federal. Em carta ao pai, Sebastião, datada de 21 de agosto de 1914, escreve:

Não quero emprego no comércio – antes ser mordido por uma cobra. Sei também que há dificuldades em se achar emprego público. Também não me importo com isso. Vou procurar alguma coisa na imprensa, que agora, com a guerra, está boa a valer, penso. [7]

No Rio de Janeiro, hospeda-se numa pensão da Rua da Lapa, emprega-se como revisor do *Correio da Manhã* e, em dezembro do mesmo ano, como suplente do jornal *O Século*. Não passa de suplente de revisor, trabalhando apenas como efetivo em *A Tarde*, um jornal que defende o republicano Pinheiro Machado. No início de 1915, em outra carta ao pai Sebastião, diz:

Realmente aqui não posso ser preguiçoso como era aí. Trabalho muito. Em uma palavra, malgrado todas as dificuldades que tenho encontrado, acho melhor trabalhar numa banca de revisão que num balcão. É que a gente pode ter a consciência tranquila quando trabalha. E eu aí havia de ser sempre preguiçoso. [8]

Mora em várias pensões e os endereços ficam na memória: Largo da Lapa, 110; Maranguape, 11; Riachuelo, 19... Todos numa zona pouco recomendável, bairros de meretrício, de desordeiros e boêmios, como lembra o escritor:

A pensão do Largo da Lapa está em Angústia. *Dagoberto foi meu vizinho de quarto...* [9]

O Rio de Janeiro é uma decepção, e em pouco tempo desilude-se. Permanece ali de agosto de 1914 a setembro de 1915, tempo necessário para assentar o enredo de seu livro *Angústia*, que se passa em Maceió, nos anos de 1920. Em carta de março de 1915 à irmã Leonor, escreve:

E eu continuo a passar aqui uma vida mais ou menos estúpida. (...) Trabalha-se pouco, ganha-se pouco, dá-se afinal com os burros na água, com todos os diabos. [10]

[7] Cartas, *Rio de Janeiro*, Record, 2011, p. 38.

[8] Cartas, *Rio de Janeiro*, Record, 2011, p. 54.

[9] *Graciliano em entrevista a Homero Senna, "Como eles são fora da literatura: Graciliano Ramos",* Revista do Globo, n. 473, 18 dez. 1948.

[10] Cartas, *Rio de Janeiro*, Record, 2011, p. 67.

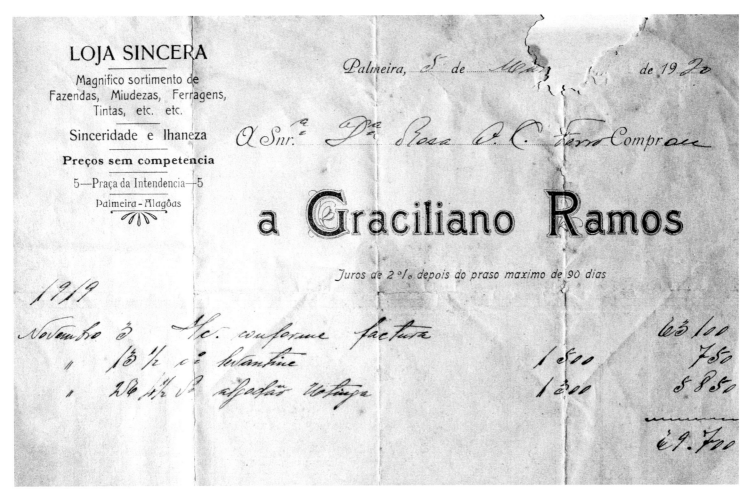

Nota fiscal da loja Sincera, Palmeira dos Índios, 1920.
As anotações são do escritor

Volta a Palmeira dos Índios

Desiludido com a metrópole, retorna a Palmeira dos Índios, onde deixa um caso sentimental e onde sua família está sendo dizimada pela peste bubônica. Lá, mete-se novamente no comércio e se casa com Maria Augusta, uma costureira, filha de um trabalhador de enxada. Com ela, entre 1916 e 1920, tem quatro filhos: Márcio, Júnio, Múcio e Maria Augusta.

Em 1917, assume a loja de tecidos que fora do pai, a Sincera, cujo lema é "Sinceridade e lhaneza. Preços sem competência". Enviúva depois de cinco anos de casamento, em 1920. E aqui começa outro capítulo da vida de Graciliano Ramos.

Comerciante estabelecido

"Com a viuvez, a solidão veio de novo para a companhia de Graciliano Ramos. Ele, agora, é um homem rico, para o lugar em que vive. Em Palmeira, todos o respeitam. Não só pela posição de 'conceituado comerciante da nossa praça', como pelos livros que chegam aos montes todas as semanas pelo correio. Às sete horas da noite, fecham-se as portas da loja, que fica no quadrado da feira, o melhor ponto da cidade. O major Graça não atende mais ninguém. Está lendo, deitado na rede." [11]

[11] Francisco de Assis Barbosa, "A vida de Graciliano Ramos", Diretrizes, Rio de Janeiro, 29 out. 1942, pp. 12-3.

O Índio

De janeiro a maio de 1921, Graciliano colaborou intensamente com as catorze edições iniciais de *O Índio,* pequeno jornal de Palmeira dos Índios, editado pelo padre Macedo, pároco local. Afora alguns textos eventuais, ele era responsável por três seções: Factos e Fitas, Garranchos e Traços a Esmo. A primeira era composta de epigramas (poemetos satíricos), assinados com o pseudônimo Anastácio Anacleto. A segunda e a terceira se destinavam à sua produção cronística. Em cada uma delas publicou séries de catorze textos, mantendo-se oculto pelos pseudônimos X e J. Calisto, respectivamente. Por meio deste último, apresentava-se como um irônico observador da vida no município; por meio do primeiro, assumia, muitas vezes, a condição de defensor da população representada pelo jornal. (I.L. e T.M.S.)

Na página ao lado, Graciliano assina Lambda e X no jornal independente *O Índio*, Palmeira dos Índios, 1921

Palmeira dos Índios, década de 1920, moradores e alunos, e, ao centro, padre Macedo com autoridades

O INDIO

JORNAL INDEPENDENTE, LITERARIO E NOTICIOSO

REDACÇÃO E OFFICINA	Gerente: —ODON BRAGA	ASSIGNATURAS
Praça Dr. Guedes Gondim	Redactores Diversos	*Por um anno 8$000 Semestre 4$000*
PUBLICA-SE AOS DOMINGOS	E. DE ALAGOAS—BRAZIL	Annuncios e outras publicações, mediante ajuste
		Pagamento adiantado

ANNO I | PALMEIRA DOS INDIOS, 3 DE ABRIL DE 1921. | NUM. 10

COMO SE ESCREVE

Para se encher um jornal não faltam assumptos: haja quem queira escrever, e o jornal será de prompto levado aos leitores, mais ou menos acceito. Se o mau é preferido ou não, é sempre questão inherente ao meio, conforme a educação dos leitores.

Bôa ou má imprensa, será lida ou apenas se guarda o papel para qualquer mister, quando menos, para manter a vaidade de quem acha bonito saber ler e não quer ler.

Como?

Haja o *porque* e o *como* está feito, porquanto este é o complemento daquelle. Assim os homens que foram ou ainda querem ser creanças, hajam frequentado *sem constrangimento* ao menos a escola primaria e tenham gostado de possuir livros para lerem,—queiram fazer-se leitores.

Escrever é facil a qualquer que se dedique na actualidade, trazendo do berço algum cabedal, mantendo, porém, a energia de vontade: começa sempre, como os escriptores de grande vulto começaram, escrevendo coisas triviaes e progridindo sempre, pelo trabalho persistente, até chegar onde todos nunca chegam,— á perfeição absoluta, escrevendo obras "bem acabadas".

Qualquer logar do sertão, por mais inculto que seja, sempre fornece abundancia de assumptos.

Os habeis *pescadores* é que os desenvolvem, entregando-os ao criterio do chefe preparador do manjar para o serviço do banquete de intellectuaes, contanto que não causem perturbações na assimilação os convivas, que raras vezes representam a sã opinião e são menos justos e mais exigentes que as mulheres das commissões...

Certo é que ninguem está isento de critica; e aquelle que não foi o primeiro a submetter ao cadinho da critica os seus proprios trabalhos não passará de reles escrevinhador.

Habituado a essas operações, receberá calmamente da parte de outrem a critica mesmo severa que lhe toque.

E saberá mostrar valor e attrahir sympathias nas mais profundas contendas, sem fugir da causa e sem atacar individualidades, porque saberá dispor de elementos para mantel-a.

A escrever com a summa perfeição o individuo—na plena consciencia—nunca se achará completamente habilitado.

O contrario julgam os ingenuos primitivos *mestres*.

Infelizmente poucos sabem que o Ruy não é a ultima expressão do que se póde chamar o sabio, embora ainda se lhe não tenha apresentado um rival na illustração, como no criterio, no talento, na actividade...

Em todo o caso não sejamos pessimistas, esperemos com á fé transportadora de montanhas que os pescadores, sob a inspiração do brilho dos sóes e a calma do azul celeste, se façam irmãos gemeos daquelle que, no Paiz como entre as nações cultas, é acatado como sabio.

Tratemos de fazer muitos leitores, creando escolas e mais escolas, sem esperarmos que baixe o nivel da politiqueira, e para curar-al a mais terrivel chaga—o analphabetismo, os escriptores, em grande numero sahidos deutre aquelles,—a imprensa terá o seu firme apoio na consciencia viva dos leitores, contanto que os ciumes dos revoltosos, inimigos da verdade, não queiram levantar á greve, cabendo aos escriptores o recurso de levar aos peixes os seus penosos trabalhos.

Escrever sempre deve ser o empenho do escriptor; pelo menos ganha o exercicio mental; não se avilta com o voto da preguiça intellectual do meio menos, certo de que escrevendo para o publico escreve tambem para si.

LAMBDA

GARRANCHOS

Vem de novo á baila a velha questão do abastecimento d'agua á cidade. O povo já discute as clausulas de que se comporá o contracto e, com a febre que sóe acompanhar o assumpto, já meia duzia de homens andou fazendo sondagens, "Cafurna em fora, escalando accidentados terrenos, até ás aguas serenas que fertilizam a terra serrana do "Amaro..

Tu, leitor, com certeza estás contentissimo com o veres em foco uma questão que de perto te interessa.

Entretanto eu, em vez de ficar alegre como tu, intristeço sempre que se me fala em tal assumpto... Nem imaginas o mal que nos vem trazer esse melhoramento que se discute com tanto calor, apezar de ser uma coisa tão fria o que elle nos traz.

Pensas então, leitor amigo, que beberemos da agua e nos banharemos nella, andando de bolsos escassos como andamos?

Qual nada! Aquillo é coisa que só virá servir aos ricos. Bem entendido, no caso imaginario de vir, o que é tão facil como transportar-se para o lado opposto aquella serra ali defronte, embora o mestre Jovino me dissesse que no tempo em que estudava certa sciencia, era capaz de fazel-o, com a té que me povoava a grande cabeça, que anda cheia hoje em dia de notas de musica e de aguas sulphurosas...

Ora, se o liquido em questão, transportado em velhas e ferrugentas latas, nas costas de bons animaes, lentos e orelhudos, que andam a trote as estradas, ruminando a sua philosophia, já ninguem o bebe, tão alto é o preço, imagine-se o que será quando vier entre as paredes redondas de canos americanamente caros! Ahi sim! Teremos de comprar agua de accordo com o cambio...

E sendo propriedade de empresa... Empresa! só por si esta palavra apavora! E cá sabemos porque... Por isso vamos fazer promessas para que se deixem as fontes em paz, se é que não queremos morrer de séde...

X

CORRESPONDENCIA

MOEMA — Ficámos espantados. V. excia. escreveu uma pagina demasiado vermelha. Até admira que uma senhora possa fazer uma descripção que a nós, bichos barbados, pareçeu um tanto escabrosa. Não teriamos escrupulo em assistir áquella scena. Sentiriamos mesmo muito prazer em desempenhar qualquer papel nella. Não nos atrevemos, porem, a aqui apresental-a ao publico... *Et pour cause...*

TIRO DE GUERRA 657 (*Arapiraca*)—Muito agradecemos o convite.

PAULO DIAS (*Rio de Janeiro*)—O conto é longo demais. Não sabemos se nos será possivel encontrar aqui espaço para elle. Talvez o publiquemos em folhetim. Os dois sonetos são frios, graves, dão uma impressão de immobilidade que entristece. O senhor parece-nos um conhecedor perfeito da techinica, mas não é poeta. Não ha poesia em seus versos. Está tudo muito bem contado, medido, mas sem vida. Nunca publicámos versos. Vamos ver se abrimos aqui uma excepção para os seus.

1927-1935

Prefeito de Palmeira dos Índios
Os relatórios do prefeito Graciliano Ramos
Caetés
Maceió
Lampião e o cangaço
Lampião entrevistado por *Novidade*
S. Bernardo

Prefeito de Palmeira dos Índios

Por essa época, Graciliano assina jornais de São Paulo e do Rio de Janeiro, como, por exemplo, o diário *A Manhã*, no qual acompanha assiduamente os colaboradores Monteiro Lobato e Agripino Grieco, e se inteira das notícias do Brasil e do resto do mundo.

Não poupa os modernistas de crítica, pois acha que se reduzem a conceitos de geração, embora considere o movimento uma reação importante por destruir cânones que precisavam desaparecer e fazer surgir uma literatura original. Observa ainda que o modernismo da Semana de Arte Moderna terminou em 1930, quando apareceu uma geração pós-modernista, que começou *um trabalho de criação dos mais brilhantes, até 1936.*

Casa onde morou, em Palmeira dos Índios, Alagoas, hoje Museu Casa Graciliano Ramos; foto de Walter Craveiro

Na prosa nada conseguiu realizar. Mário de Andrade e Oswald de Andrade tentaram o romance. Mas sem êxito. Enquanto a poesia adquiria expressão, o romance modernista não tinha conteúdo. Creio, entretanto, que se não houvesse a independência do modernismo, José Lins do Rego não teria conseguido realizar o seu romance, tal como o é. A revolução concretizada na "Semana de São Paulo" teve um serviço: limpar, preparar o terreno para as gerações vindouras. [1]

Nessa época, é nomeado presidente da Junta Escolar do município. No final do ano letivo, escreve um relatório para o diretor da Instrução Pública que o impressiona de tal forma que é indicado para o cargo de prefeito municipal de Palmeira dos Índios.

Toma posse aos 35 anos e fica vinte e sete meses na prefeitura, de janeiro de 1928 a março de 1930.

Quando tomei conta da prefeitura só achei 109$000 em caixa e 5:0000$000 de dívidas. Muita politicagem era o que havia. Sofri o diabo durante os três primeiros meses. [2]

Já prefeito, em 16 de fevereiro de 1928 casa-se com Heloísa Leite de Medeiros, então com 18 anos, e com ela tem quatro filhos: Ricardo, Roberto, Luiza e Clara.

[1] *"O modernismo morreu? — Resposta de Graciliano Ramos ao Inquérito de Osório Nunes"*, Dom Casmurro, Rio de Janeiro, 12 dez. 1942, p. 3.

[2] *Graciliano em entrevista a João Condé, "Diário 14", "Os Arquivos Implacáveis"*, A Manhã, "Letras e Artes", 11 ago. 1946, p. 8.

Prefeitura de Palmeira dos Índios, Alagoas; foto de Walter Craveiro

Os relatórios do prefeito Graciliano Ramos

Das atividades que exerce como prefeito da pequena cidade, a que lhe dá notoriedade intelectual imediata é a escrita de dois relatórios que envia ao governador do estado, Álvaro Paes, nos quais presta contas de sua administração, contrários às normas burocráticas e administrativas da época.

"Eleito, o major Graça pôs-se a trabalhar. O município era pobre, 47 contos de orçamento. Tratou de aumentar as rendas. Começou a abrir uma estrada de rodagem, sertão adentro. Era preciso. O relatório do primeiro ano de administração do novo prefeito havia de causar escândalo. Metia o pau no governo estadual, rijo, sem medo. As tipografias de Maceió não quiseram saber de imprimir o folheto. O major não se deu por vencido. Mandou o relatório datilografado ao governador." [3]

Os relatórios tornam-se públicos. Primeiro surgem na imprensa de Maceió, nas páginas do *Diário Oficial*, em 1929, no *Jornal de Alagoas* e, em seguida, nos periódicos alagoanos *O Semeador* e *O Correio da Pedra*. Depois, ganham a imprensa carioca, no *Jornal do Brasil*. Pedro Mota Lima, amigo de Graciliano, os divulga em fascículos no jornal carioca *A Manhã* e em *A Esquerda*, dirigido por ele. Por fim, edições completas aparecem na Imprensa Oficial de Alagoas.

Como a linguagem não era a habitualmente usada em trabalhos dessa natureza, e porque neles eu dava às coisas seus verdadeiros nomes, causaram um escarcéu medonho. O primeiro teve repercussão que me surpreendeu. Foi comentado no Brasil inteiro. [4]

[3] Francisco de Assis Barbosa, "A vida de Graciliano Ramos", Diretrizes, Rio de Janeiro, 29 out. 1942, pp. 12-3, 15.

[4] Graciliano em entrevista a Homero Senna, "Como eles são fora da literatura: Graciliano Ramos", Revista do Globo, Porto Alegre, n. 473, 18 dez. 1948.

DIARIO OFFICIAL

ESTADO DE ALAGOAS

PAZ E PROSPERIDADE | MACEIÓ—QUINTA-FEIRA, 16 DE JANEIRO DE 1930 | ANNO XIX — NUM. 5.019

Governo do Estado

Administração do Exmo. Sr. Alvaro Corrêa Paes

GABINETE DO GOVERNADOR

Prefeitura Municipal de Palmeira dos Indios. — Relatorio ao Governador de Alagoas. — Snr. Governador: — Esta exposição é talvez desnecessaria. O balanço que remetto a V. Excia. mostra bem de que modo foi gasto em 1929 o dinheiro da Prefeitura Municipal de Palmeira dos Indios. E nas contas regularmente publicadas ha pormenores abundantes, minudencias que excitaram o espanto benevolo da imprensa.

Isto é, pois, uma reproducção de factos que já narrei, com algarismos e prosa de guarda-livros, em numerosos balancetes e nas relações que os acompanharam.

RECEITA — 96:024$085

No orçamento do anno passado houve suppressão de varias taxas que existiam em 1928. A receita, entretanto, calculada em 68:850$000, attingiu 96:024$085.

E não empreguei rigores excessivos. Fiz apenas isto: extingui favores largamente concedidos a pessoas que não precisavam delles e puz termo ás extorções que affligiam os matutos de pequeno valor, ordinariamente raspados, escorchados, esbrugados pelos exactores.

Não me resolveria, é claro, a pôr em pratica no segundo anno de administração a equidade que torna o imposto supportavel. Adoptei-a logo no começo. A receita em 1928 cresceu bastante. E se não chegou á somma agora alcançada, é que me foram indispensaveis alguns mezes para corrigir irregularidades muito serias, prejudiciaes á arrecadação.

DESPESA — 105:465$613

Utilizei parte das sobras existentes no primeiro balanço.

ADMINISTRAÇÃO — 22:667$718

Figuram 7:034$658 despendidos com a cobrança das rendas, 3:518$000 com a fiscalisação e 2:400$000 pagos a um funccionario aposentado. Tenho seis cobradores, dois fiscaes e um secretario.

Todos são mal remunerados.

GRATIFICAÇÕES — 1:500$000

Estão reduzidas.

CEMITERIO — 243$000

Pensei em construir um novo cemiterio, pois o que temos dentro em pouco será insufficiente, mas os trabalhos a que me aventurei, necessarios aos vivos, não me permittiram a execução de uma obra, embora util, prorogavel. Os mortos esperarão mais algum tempo. São os municipes que não reclamam.

ILLUMINAÇÃO — 7:800$000

A Prefeitura foi intrujada quando, em 1920, aqui se firmou um contracto para o fornecimento de luz. Apesar de ser o negocio referente a claridade, julgo que assignaram aquillo ás escuras. E' um bluff. Pagamos até a luz que a lua nos dá.

HYGIENE — 8:454$190

O estado sanitario é bom. O posto de hygiene, installado em 1928, presta serviços consideraveis á população. Cães, porcos e outros bichos incommodos não tornaram a apparecer nas ruas. A cidade está limpa.

INSTRUCÇÃO — 2:880$180

Instituiram-se escolas em tres aldeias: Sorra da Mandioca, Anum e Cannafistula. O Conselho mandou subvencionar uma sociedade aqui fundada por operarios, sociedade que se dedica á educação de adultos.

Presumo que esses estabelecimentos são de efficiencia contestavel. As aspirantes a professoras revelaram, com admiravel unanimidade, uma lastimosa ignorancia. Escolhidas algumas dellas, as escolas entraram a funccionar regularmente, como as outras.

Não creio que os alumnos aprendam ali grande coisa Obterão, comtudo, a habilidade precisa para ler jornaes e almanaques, discutir politica e decorar sonetos, passatempos accessiveis a quasi todos os roceiros.

UMA DIVIDA ANTIGA — 5:210$000

Entregaram-me, quando entrei em exercicio, 105$838 para saldar varias contas, entre ellas uma de 5:210$000, relativa a mais de um semestre que deixaram de pagar á empresa fornecedora de luz.

VIAÇÃO E OBRAS PUBLICAS — 56:044$495

Os gastos com viação e obras publicas foram excessivos. Lamento, entretanto, não me haver sido possivel gastar mais. Infelizmente a nossa pobreza é grande. E ainda que elevemos a receita ao dobro da importancia que ella ordinariamente alcança, e economizemos com avareza, muito nos falta realizar. Está visto que me não preoccupei com todas as obras exigidas. Escolhi as mais urgentes.

Fiz reparos nas propriedades do Municipio, remendei as ruas e cuidei especialmente de viação.

Possuimos uma teia de aranha de veredas muito pittorescas, que se torcem em curvas caprichosas, sobem montes e descem valles de maneira inerivel. O caminho que vai a Quebrangulo, por exemplo, original producto de engenharia tupi, tem logares que só podem ser transitados por automovel Ford e por lagartixa. Sempre me pareceu lamentavel desperdicio concertar semelhante porcaria.

ESTRADA PALMEIRA A SANT'ANNA

Abandonei as trilhas dos cahetés e procurei saber o preço duma estrada que fosse ter a Sant'Anna de Ipanema. Os peritos responderam que ella custaria ahi uns seiscentos mil réis ou sessenta contos. Decidi optar pela despesa avultada.

Os seiscentos mil réis ficariam perdidos entre os barrancos que enfeitam um caminho attribuido ao defuncto Delmiro Gouveia e que o Estado pagou com liberalidade; os sessenta contos, caso eu os pudesse arrancar ao povo, não serviriam talvez ao contribuinte, que, apertado pelos cobradores, diz sempre não ter encommendado obras publicas, mas a alguem haveriam de servir. Comecei os trabalhos em Janeiro. Estão promptos vinte e cinco kilometros. Gastei 26:817$980.

TERRAPLENO DA LAGOA

Este absurdo, este sonho de louco, na opinião de tres ou quatro sujeitos que sabem tudo, foi concluido ha mezes.

Aquillo, que era uma furna lobrega, tem agora, terminado o aterro, um declive suave. Fiz uma galeria para o escoamento das aguas. O pantano que ali havia, cheio de lixo, excellente para a cultura de mosquitos, desappareceu. Deitei sobre as muralhas duas balaustradas de cimento armado. Não ha perigo de se despenhar um automovel lá de cima.

O plano que os technicos indigenas consideravam impraticavel era muito mais modesto.

Relatório do prefeito Graciliano Ramos publicado no Diário Oficial do Estado de Alagoas, 1930.

Os gastos em 1929 montaram a 24:301$025.
SALDO — 2:504$319
Addicionando-se á receita o saldo existente no balanço passado e subtrahindo-se a despesa, temos 2:504$319.
2:365$969 estão em caixa e 138$350 depositados no Banco Popular e Agricola de Palmeira.

PRODUCÇÃO

Dos administradores que me precederam uns dedicaram-se a obras urbanas; outros, inimigos de innovações, não se dedicaram a nada.

Nenhum, creio eu, chegou a trabalhar nos suburbios.

Encontrei em decadencia regiões outr'ora prosperas; terras araveis entregues a animaes, que nellas viviam quasi em estado selvagem. A população minguada, ou emigrava para o su: do Paiz ou se fixava nos municipios vizinhos, nos povoados que nasciam perto das fronteiras e que eram para nós umas sanguesugas. Vegetavam em lastimavel abandono alguns aggregados humanos.

E o palmeirense affirmava, convicto, que isto era a princeza do sertão. Uma princeza, vá lá, mas princeza muito nua, muito madraça, muito suja e muito escavacada.

Favoreci a agricultura livrando-a dos bichos criados á toa; ataquei as patifarias dos pequeninos senhores feudaes, exploradores da canalha; supprimi, nas questões ruraes, a presença de certos intermediarios, que estragavam tudo; facilitei o transporte: estimulei as relações entre o productor e o consumidor.

Estabeleci feiras em cinco aldeias. 1:156$750 foram-se em reparos nas ruas de Palmeira de Fóra.

Cannafistula era um chiqueiro. Encontrei lá o anno passado mais de cem porcos misturados com gente. Nunca vi tanto porco.

Desappareceram. E a povoação está quasi limpa. Tem mercado semanal, estrada de rodagem e uma escola.

MIUDEZAS

Não pretendo levar ao publico a idéa de que os meus emprehendimentos tenham vulto. Sei perfeitamente que são miucalhas. Mas afinal existem. E, comparados a outros ainda menores, demonstram que aqui pelo interior podem tentar-se coisas um pouco differentes dessas invisiveis sem grande esforço de imaginação ou microscopio.

Quando iniciei a rodovia de Sant'Anna, a opinião de alguns municipes era que ella não prestava porque estava boa demais. Como se elles não a merecessem. E argumentavam. Se aquillo não era pessimo, com certeza sahiria caro, não poderia ser executado pelo Municipio.

Agora mudaram de conversa. Os impostos cresceram, dizem. Ou as obras publicas de Palmeira dos Indios são pagas pelo Estado. Chegarei a convencer-me de que não fui eu que as realizei.

BONS COMPANHEIROS

Já estou convencido. Não fui eu, primeiramente porque o dinheiro despendido era do povo, em segundo lugar porque tornaram facil a minha tarefa uns pobres homens que se esfalfam para não perder salarios miseraveis.

Quasi tudo foi feito por elles. Eu apenas teria tido o merito de escolhel-os e vigial-os, se nisto houvesse merito.

MULTAS

Arrecadei mais de dois contos de réis de multas. Isto prova que as coisas não vão bem.

E não se esmerilharam contravenções. Pequeninas irregularidades passam despercebidas. As infracções que produziram somma consideravel para um orçamento exiguo referem-se a prejuizos individuaes e foram denunciadas pelas pessoas offendidas, de ordinario gente miuda, habituada a soffrer a oppressão dos que vão trepando.

Esforcei-me por não commetter injustiças. Isto não obstante, atiraram as multas contra mim como arma politica. Com inhabilidade infantil, de resto. Se eu deixasse em paz o proprietario que abre as cercas de um desgraçado agricultor e lhe transforma em pastio a lavoura, devia enforcar-me.

Sei bem que antigamente os agentes municipaes eram zarolhos. Quando um infeliz se cançava de mendigar o que lhe pertencia, tomava uma resolução heroica: encommendava-se a Deus e ia á capital. E os prefeitos achavam razoavel que os contraventores fossem punidos pelo Sr. Secretario do Interior, por intermedio da policia.

REFORMADORES

O esforço empregado para dar ao Municipio o necessario é vivamente combatido por alguns pregoeiros de methodos administrativos originaes. Em conformidade com elles, deveriamos proceder sempre com a maxima condescendencia, não onerar os camaradas, ser rigorosos apenas com os pobres diabos sem protecção, diminuir a receita, reduzir a despesa aos vencimentos dos funccionarios, que ninguem vive sem comer, deixar esse luxo de obras publicas á Federação, ao Estado ou,em falta destes, á Divina Providencia.

Bello programma. Não se faria nada, para não descontentar os amigos: os amigos que pagam, os que administraram, os que hão de administrar. Seria optimo. E existiria por preço baixo uma Prefeitura bode expiatorio, magnifico assumpto para commérages de lugar pequeno.

POBRE POVO SOFFREDOR

E' uma interessante classe de contribuintes, modica em numero, mas bastante forte. Pertencem a ella negociantes, proprietarios, industriaes, agiotas que esfolam o proximo com juros de judeu.

Bem comido, bem bebido, o pobre povo soffredor quer escolas, quer luz, quer estradas, quer hygiene. E' exigente e rosmungante.

Como ninguem ignora que se não obtém de graça as coisas exigidas, cada um dos membros desta respeitavel classe acha que os impostos devem ser pagos pelos outros.

PROJECTOS

Tenho varios, de execução duvidosa. Poderei concorrer para o augmento da producção e, consequentemente, da arrecadação. Mas umas semanas de chuva ou de estiagem arruinam as searas, desmantelam tudo — e os projectos morrem.

Iniciarei, se houver recursos, trabalhos urbanos.

Ha pouco tempo, com a illuminação que temos, perfida, dissimulavam-se nas ruas serias ameaças á integridade das canellas imprudentes que por ali transitassem em noites de escuro.

Já uma rapariga aqui morreu afogada no enxurro. Uma senhora e uma criança, arrastadas por um dos rios que se formavam no centro da cidade, andaram rolando de cachoeira em cachoeira e damnificaram na viagem braços, pernas, cotellas e outros organs apreciaveis.

Julgo que, por emquanto, semelhante perigos estão conjurados, mas dois mezes de preguiça durante o inverno bastarão para que elle se renovem.

Empedrarei, se puder, algumas ruas.

Tenho tambem a idea de iniciar a construcção de açudes na zona sertaneja.

Mas para que semear promessas que não sei se darão fructos? Relatarei com pormenores os planos a que me refiri quando elles estiverem executados, se isto acontecer.

Ficarei, porém, satisfeito se levar ao fim as obras que encetei. E' uma pretenção moderada, realizavel. Se se não realizar, o projuizo não será grande.

O Municipio, que esperou dois annos, espera mais um. Motte na Prefeitura um sujeito habil e vinga-se dizendo de mim cobras e lagartos.

Paz e prosperidade.

Palmeira dos Indios, 11 de Janeiro de 1930.
GRACILIANO RAMOS.

BALANÇO (ANNO DE 1929)
RECEITA

Decima	7:622$280
Industria e commercio	15:206$000
Carnes verdes	23:442$000
Pesos e medidas	3:072$000
Feiras	25:281$400
Depositos de inflammaveis	1:250$000
Localização de negociantes em ruas e praças	820$000
Vehiculos	510$000

Caetés

Ao ler os relatórios, o editor Augusto Frederico Schmidt percebe o valor literário e pede ao prefeito de Palmeira dos Índios um livro, que acredita estar na gaveta. É *Caetés*.

O romance, ambientado em Palmeira dos Índios e redigido de 1925 a 1930, é publicado apenas em 1933, marcando a estreia de Graciliano na literatura, aos 41 anos.

Maceió

Os relatórios ao governador impressionam tanto os homens públicos de Alagoas que, no início de 1930, Graciliano é nomeado diretor da Imprensa Oficial do Estado. Deixa, então, o interior e passa a viver em Maceió com a família.

Na capital, torna-se sócio da Associação Alagoana de Imprensa, começa a colaborar com a revista literária *Novidade* e convive com companheiros de letras, como Jorge de Lima, José Lins do Rego, Aurélio Buarque de Holanda, Santa Rosa, Alberto Passos Guimarães e Valdemar Cavalcanti.

A revista circula até setembro de 1931 e é porta-voz da nova geração de intelectuais e artistas nordestinos, que se reúnem no café Cupertino para se inteirarem das últimas notícias políticas e literárias. Lá, Graciliano tem o hábito de queimar com o cigarro um pouco de açúcar no mármore da mesa para sentir o cheiro suave dos engenhos.

Maceió, 1930: ao fundo, prédio do café Cupertino, ponto de encontro de intelectuais. Graciliano é assíduo frequentador

Lampião e o cangaço

Para a revista *Novidade,* Graciliano escreve a crônica "Lampião", primeiro texto em que reflete sobre o cangaço, e no qual explica que não fala do indivíduo Lampião, e sim do "lampionismo", da necessidade de sobrevivência que leva os sertanejos ao banditismo; escreve também uma entrevista ficcional com Lampião, em texto não assinado, mas que, pelo seu estilo, pode ser atribuído a Graciliano; uma série de crônicas, como "Sertanejos", "Chavões" e "Milagres"; e ainda publica o capítulo XXIV de *Caetés*, que seria lançado dois anos depois.

"Lampião"

Ao trazer o quadro de miséria que transforma pobres-diabos em bestas-feras, a crônica de Graciliano "Lampião" (1931) contém elementos que constituirão o dilema de Fabiano, protagonista de *Vidas secas* (1938). Preso injustamente e espancado, sente revolta contra o próprio pensamento resignado de que "apanhar do governo não é desfeita", e sonha-se um cangaceiro, para matar os donos do soldado. No entanto, ao reencontrar um ano depois o soldado que o prendera, Fabiano não se vinga, fugindo ao lugar-comum de violência. Sertanejo pobre, tem a mulher, os filhos e a cachorra: não age como um cangaceiro, pois matar aquele covarde seria inutilizar-se. "Inutilizar-se por causa de uma fraqueza fardada que vadiava na feira e insultava os pobres! Não se inutilizava [Fabiano], não valia a pena inutilizar-se. Guardava a sua força." E assim, dando forma poética à matéria histórica dos anos 1930 por meio do drama do sertanejo retirante, o escritor, que experienciou os horrores da prisão em 1936, cria sua arte, singularmente ética. Tema que Ieda Lebensztayn e Thiago Mio Salla aprofundaram em "Lampião de palavras: Graciliano Ramos", posfácio de *Cangaços* (Record, 2014).

Ilustração do 3º capítulo de *Vidas secas,* "Cadeia"

Cangaceiro atirando, Portinari, 1956, pintura a óleo, 50,5x61,5cm

Lampião entrevistado por *Novidade*
IEDA LEBENSZTAYN E THIAGO MIO SALLA

Num belo dia, na terra do faz de conta, Graciliano Ramos entrevistou Lampião. Pelo menos é o que se pode interpretar de um texto estampado na revista alagoana *Novidade*, edição de 16 de maio de 1931, no qual um integrante do periódico constrói uma conversa ficcional com o "rei do cangaço".

Apesar de essa "entrevista" não ser assinada, tudo leva a crer que seu autor é Graciliano Ramos. Um conjunto de fatores de cunho temático e estilístico, presentes nas crônicas do escritor, possibilita que se faça tal asserção: a referência zombeteira ao esoterismo (meio utilizado para conseguir a palestra com o temível bandoleiro); o lampionismo literário (conceito que abarca a crítica a certa literatura "civilizada", bacharelesca e oficial, marcada pelo uso de "adjetivos idiotas" e pelo desconhecimento dos rincões brasileiros); a agudeza em relação à miséria absoluta e ao caráter falacioso da palavra escrita; e ainda a preceptiva poética de que é preciso conhecer o sertão para se falar dele, entre outros elementos.

Incluída no livro *Cangaços* (2014), essa conversa fictícia com Lampião permite iluminar, em chave irônica, uma sociedade em que a violência era lugar-comum a igualar coronéis, policiais, governantes, jornalistas sensacionalistas e cangaceiros. Ao mesmo tempo, como resultante desse processo, emerge a aposta de Graciliano no poder ético e poético das palavras, a recusar tanto a brutalidade quanto o falseamento da realidade.

S. Bernardo

Em dezembro de 1931, Graciliano demite-se do cargo de diretor da Imprensa Oficial e volta para Palmeira dos Índios. Na sacristia da Igreja Matriz do município, escreve os primeiros capítulos de S. Bernardo, romance concluído no mesmo ano. Em carta a Heloísa, que retorna a Maceió para ter o quarto e último filho do casal, conta que finalizou o romance:

S. Bernardo *está pronto, mas foi escrito quase todo em português, como você viu. Agora está sendo traduzido para brasileiro, um brasileiro encrencado, muito diferente desse que aparece nos livros da gente da cidade, um brasileiro de matuto, com uma quantidade enorme de expressões inéditas, belezas que eu mesmo nem suspeitava que existissem. Além do que eu conhecia, andei a procurar muitas locuções que vou passando para o papel. O velho Sebastião, Otávio, Chico e José Leite me servem de dicionários. O resultado é que a coisa tem períodos absolutamente incompreensíveis para a gente letrada do asfalto e dos cafés. Sendo publicada, servirá muito para a formação, ou antes para a fixação, da língua nacional. Quem sabe se daqui a trezentos anos eu não serei um clássico? Os idiotas que estudarem gramática lerão* S. Bernardo, *cochilando, e procurarão nos monólogos de seu Paulo Honório exemplos de boa linguagem. Está aí uma página cheia de* S. Bernardo, *Ló. É uma desgraça, não é? Tanta letra e tanto tempo para encher linguiça!* [5]

Em janeiro de 1933, é nomeado diretor da Instrução Pública de Alagoas, cargo equivalente ao de secretário estadual da Educação, e muda-se novamente com a família para Maceió. Como diretor de Instrução, amplia bastante o número de alunos da rede escolar, veste, calça e alimenta as crianças, além de enfrentar o preconceito ao encher de negros os grupos escolares. É rigoroso com relação à distribuição de merenda escolar e uniformes e institui uma escola profissional feminina e um concurso obrigatório para professoras do ensino primário.

O escritor permanece como diretor de Instrução três anos, até 3 de março de 1936, quando é preso em sua casa no bairro da Pajuçara, em Maceió. Tem certeza de que sua prisão é resultado de uma denúncia anônima, e próxima. Para seu filho Ricardo Ramos, essa teoria, que está registrada no início de *Memórias do cárcere*, parece fantasiosa e improvável. Para ele, a administração do pai adotara procedimentos que desagradaram gente poderosa. Como, por exemplo, o fato de, depois da Intentona de 1935, com o movimento de caça às bruxas a todo o vapor, perguntar desafiante a uma professora:

Quatro dessas criaturinhas, beiçudas e retintas, obtiveram as melhores notas nos últimos exames. Que nos dirão os racistas, D. Irene?

Em 1933, Augusto Frederico Schmidt lança *Caetés* pela Schmidt Editora. Um ano depois, a Editora Ariel, também do Rio de Janeiro, publica *S. Bernardo*.

[5] *Graciliano Ramos em carta a Heloísa de Medeiros Ramos, 1º de novembro de 1932, Palmeira dos Índios.*

1936-1944

A prisão
Angústia
A liberdade
A terra dos meninos pelados
Rio de Janeiro: agora pra valer
Vidas secas
Carta a Getúlio Vargas

A prisão

Graciliano Ramos é preso em 3 de março de 1936 e, sem qualquer acusação, remetido para Recife, onde passa dez dias incomunicável. Depois, é levado no porão do navio *Manaus* para o Rio de Janeiro. Ao todo, passa por doze presídios, em Alagoas, Pernambuco, Ilha Grande e Distrito Federal.

Em 1945, oito anos antes da publicação do livro *Memórias do cárcere*, em entrevista a Armando Pacheco, antecipa a intenção de denunciar a realidade da prisão, de registrar o contato que lá estabeleceu com comunistas, intelectuais, meliantes e vagabundos de toda sorte.

Contarei um dia, se puder, o que me sucedeu em 1936: descreverei o Pavilhão dos Primários, a Sala da Capela, a Colônia Correcional de Dois Rios. E, no livro que tenciono escrever um dia, falarei sobre coisas que não puderam ser ventiladas ainda.

Na página ao lado, Graciliano Ramos em 1936, foto tirada na prisão, arquivo DOPS

Esta foto e a da página ao lado: forças revolucionárias tomam as ruas de Maceió, 13 de outubro de 1930

Os casos ordinários da minha vida têm pouca importância, mas as criaturas vistas à sombra daquelas paredes surgem muito grandes hoje, até os malandros, os vagabundos, Paraíba, um vigarista que me ensinou o pulo do nove, Gaúcho, um ladrão que todas as noites me explicava em gíria particularidades do seu ofício. É este o livro que espero escrever. [1]

As entrevistas sustentam a ideia de que mestre Graça afirmava tão bem suas convicções e sua visão de mundo em conversas quanto as apresentava por meio de sua criação literária, guardadas as diferenças entre a fala e a escrita. Por meio dessas conversas, podemos sentir o drama vivido por Graciliano Ramos, como nesta síntese de Joel Silveira sobre sua prisão:

"Em 1936, em Maceió, um homem foi arrancado de sua casa e metido no xadrez. Foi tirado depois do xadrez e empurrado para o porão de um navio, que o trouxe para um novo xadrez, aqui no Rio. O homem passou perto de oito meses na prisão carioca, de mistura com meliantes, punguistas, assassinos e muitos outros homens que ali expiavam um crime idêntico ao seu: o crime de ter pensado livremente. Mas aquele não era um homem desconhecido, uma unidade da multidão. Tratava-se de um romancista consagrado, com dois livros publicados, todos de sucesso. E o terceiro livro do romancista apareceu nas livrarias precisamente quando o 'criminoso' ia na metade de sua pena. Quando saiu da cadeia, por interferência de amigos,

[1] *Graciliano em entrevista a Armando Pacheco, "Graciliano Ramos conta como escreveu* Infância, *seu recente livro de memórias",* Vamos Ler!, *Rio de Janeiro, 25 out. 1945, p. 26.*

a saúde do homem, que não era mais um jovem, estava muito abalada: ele tossia e ardiam os seus pulmões. Nunca mais ele seria o mesmo.

'Nunca mais seria o mesmo', me diz agora Graciliano Ramos, num domingo pela manhã, domingo úmido, em sua casa: um apartamento modesto na Rua Conde de Bonfim, 752, edifício Ana Francisca. 'Desde que deixei a cadeia, minha saúde vai em altos e baixos. Um dia estou muito bem, outro dia passo mal que é uma desgraça. Mas a casca é forte e teimosa: creio que morrerei de velhice'."[2]

Já nesta outra entrevista a Homero Senna, Graciliano comenta causticamente o possível motivo de sua prisão:

"— Qual o motivo da prisão?

— Sei lá! Talvez ligações com a Aliança Nacional Libertadora, ligações que, no entanto, não existiam. De qualquer maneira, acho desnecessário rememorar estas coisas, porque tudo aparecerá nas Memórias da prisão, que estou compondo.

— Foi assim, então, que veio para o Rio?

— Foi. Arrastado, preso.

— Mas valeu a pena, não?

— Sinceramente, não sei. Nunca tive planos na vida, muito menos planos de sucesso. Depois daquela experiência da mocidade, o Rio não me atraía. No entanto vim, no porão do Manaus, e aqui vivo."[3]

[2] Joel Silveira, "Perfil apressado do velho Graça", Revista do Globo, Porto Alegre, 9 de fev. 1946, pp. 32-3 e 58.

[3] Homero Senna, "Como eles são fora da literatura: Graciliano Ramos", Revista do Globo, Porto Alegre, n. 473, 18 dez. 1948.

Colônia Penal Cândido Mendes, na baía de Dois Rios, Ilha Grande, anos 1990; foto de André Cypriano

Angústia

Em 1936, José Olympio lançou *Angústia* quando Graciliano se encontrava encarcerado pelo governo getulista. Preso, não pôde revisar as páginas do romance, fato que causa grande aflição ao escritor:

Em janeiro de 1933 nomearam-me diretor da Instrução Pública de Alagoas — disparate administrativo que nenhuma revolução poderia justificar. Em março de 1936, no dia em que me afastavam desse cargo, entreguei à datilógrafa as últimas páginas do Angústia, *que saiu em agosto do mesmo ano, se não estou enganado, e foi bem recebido, não pelo que vale, mas porque me tornei de algum modo conhecido, infelizmente.*[4]

Apesar disso, *Angústia* é o livro preferido de Graciliano, como observa Ricardo Ramos:

"O seu livro de eleição, conforme todos os indícios, era *Angústia*. Falava nele de maneira diferente, o tom mudava e as palavras também, a gente notava. Um envolvimento maior, talvez uma ligação mais pessoal. Quem sabe o seu livro mais sofrido?"[5]

A liberdade

Até Graciliano ser preso, seus romances, escritos em primeira pessoa, evidenciam um retrato social do Nordeste: um adultério em uma pequena cidade do interior alagoano (*Caetés*); a incompreensão de um proprietário de terras em relação às ideias progressistas da mulher com quem se casou (*S. Bernardo*); a angústia de um crime passional de um funcionário público de Maceió (*Angústia*).

A experiência da prisão política, a de viver como preso comum, condenado a trabalhos forçados na Ilha Grande por conta da simples suspeita de ser comunista, além de torná-lo famoso, obriga-o a aprofundar sua reflexão política para identificar e combater os inimigos do povo.

Tanto que, logo depois de sair do cárcere, escreve *A terra dos meninos pelados*, uma fábula memorialística em que Graciliano tenta resgatar sua identidade pessoal, social e política.

[4] Joel Silveira, "Graciliano Ramos conta a sua vida", Vamos Ler!, *Rio de Janeiro, 20 abr. 1939, pp. 9-10.*

[5] Ricardo Ramos, Graciliano: Retrato fragmentado, *2ª ed., São Paulo, Globo, 2011, p. 136.*

Ilustração de Nelson Boeira Faedrich, *A terra dos meninos pelados*, Porto Alegre, Livraria do Globo, 1939

A terra dos meninos pelados
RICARDO RAMOS FILHO

Graciliano Ramos é modestamente conhecido por sua literatura feita para crianças e jovens. Muito pela produção, afinal escreveu poucos livros com tal destino.

O velho Graça foi preso em março de 1936, em Maceió, sem acusação formal e enviado para a Ilha Grande. Saiu da prisão desempregado, indo morar em uma pensão do Catete. Precisava escrever, ganhar dinheiro com seus textos para sustentar a família. *A terra dos meninos pelados* foi escrito nesse contexto. O de tentar ganhar um concurso literário e receber o prêmio pago.

Pouco antes, em 29 de abril de 1936, havia sido criada pelo ministro Gustavo Capanema a Comissão Nacional de Literatura Infantil (CNLI). Ao órgão do Ministério da Educação e Saúde Pública do governo de Getúlio Vargas caberia, obedecendo ao projeto educacional varguista, avaliar de maneira crítica os textos; julgar o valor das obras de literatura infantil em língua portuguesa, incluindo traduções; relacionar o material estrangeiro que pudesse ser adotado; classificar

Ilustração de Jean-Claude Ramos Alphen, *A terra dos meninos pelados*, Record, Rio de Janeiro, 2014

os leitores por faixas etárias. Pretendia-se eliminar o que fosse considerado pernicioso ou de má qualidade para as crianças, estimulando-se a produção tida como adequada para os padrões de um grupo de intelectuais escolhidos para participarem da comissão: Cecília Meireles, Elvira Nizinska, Jorge de Lima, Murilo Mendes, José Lins do Rego e Manuel Bandeira.

Se na educação a intenção do governo era intervir com mão forte, para que a base ideológica do sistema se reforçasse, ao estender também para a literatura infantil e juvenil essa vontade, os notáveis membros da comissão escolhida acabaram por privilegiar histórias mais conservadoras, menos abertas às inovações, e construídas dentro de algumas normas bem definidas e rígidas. Para isso optaram por pessoas que, sendo importantíssimas no cenário literário e educacional do país, o que sempre esteve presente nas escolhas do Ministro Capanema, garantissem e respaldassem com o peso dos seus nomes os resultados.

O idealismo nacionalista do Estado Novo pedia um caráter mais realista. De certa forma haveria a necessidade de que a fantasia fosse mais inibida, para que pudessem ser apresentados aos leitores mirins fatos da história brasileira.

Nada disso estava presente em *A terra dos meninos pelados.* No livro, o maravilhoso não se configurava apenas como uma forma de se opor ao real. Por meio da imaginação e da fantasia, Raimundo, o menino pelado com um olho preto e outro azul da história, enfrentava a realidade e se opunha a ela. Assim ele lutava contra aquilo que o oprimia, não se libertando por meio de mágicas. A fantasia não tinha no texto função de ajudá-lo a consertar o que estava errado. A imaginação é um jogo solitário e Raimundo, um menino solitário, jogava esse jogo.

De certa forma, a cabeça pelada do menino Raimundo faz dele alguém muito próximo do Graciliano detento na Colônia Correcional de Ilha Grande, submetido a um ritual de raspagem de cabelos, humilhante, doloroso, violência cometida na friagem da noite, como podemos ler no texto a seguir, extraído de *Memórias do cárcere*: "o infame instrumento arrancava-me os pelos, e isto me dava picadas horríveis no couro cabeludo. A operação findou, ergui-me, passei os dedos no crânio liso, arrepiado na friagem da noite." O Graciliano pelado, de certa forma recém-marginalizado, também sonharia com a magia de Tatipirun, o lugar imaginário do livro, e recusaria o mundo em que vive. Raimundo, o menino pelado, é um herói diferente, como convém aos heróis das histórias infantis, pois é exatamente a diferença que o distingue e o faz buscar a aventura.

E Graciliano? Os escritores que pertenciam à CNLI eram amigos dele, embora no terreno político caminhasse apartado dos demais, pois sempre foi um escritor engajado. Se o escritor nordestino não se rendia ao projeto e às exigências de um texto que servisse ao Estado Novo, continuava sendo respeitado o suficiente para ser premiado, mesmo não vencendo o concurso.

O resultado custou a sair, *A terra dos meninos pelados* ficou em terceiro lugar na faixa de idade entre oito e dez anos. A primeira colocada foi Lúcia Miguel-Pereira, com *Fada menina*, e o segundo foi *A casa das três rolinhas*, de Marques Rabelo e A. Tabayá. Na categoria acima dos dez anos, ganharam: 1°) *O boi aruá*, Luís Jardim; 2°) *A grande aventura de Luiz e Eduardo*, Ester da Costa Lima e 3°) *As aventuras de Tibicuera*, Erico Verissimo.

Os prêmios recebidos eram, respectivamente para primeiro, segundo e terceiro lugares, três, dois e um conto de réis, o suficiente para que Graciliano pagasse dois meses de aluguel na pensão em que morava.

Graciliano Ramos sempre povoou seus textos com intenções muito claras para qualquer leitor atento. Não faria sentido pensar na possibilidade de ele, em algum momento de seu trabalho, ser menos Graciliano. Até porque estaria fora de propósito fragmentá-lo, tentar considerá-lo alguém menos inteiro ao escrever histórias para crianças. Não só o artista é o mesmo, como as vozes presentes em seu texto fazem parte de um contexto individual de formação que se mantém íntegro em sua produção. Todos os principais aspectos necessários para que consideremos um livro infantil obra de qualidade superior aparecem em *A terra dos meninos pelados.* Ensina que a diversidade precisa ser aceita; permite aquisição de linguagem ao trazer texto ágil, conciso e bem-elaborado; diverte.

Ricardo Ramos Filho é escritor de literatura infantil e juvenil, Mestre em Letras pelo Programa de Estudos Comparados de Literaturas de Língua Portuguesa da Faculdade de Filosofia, Letras e Ciências Humanas da Universidade de São Paulo, tendo escrito a dissertação *Arte literária em dois ramos gracilianicos: adulto e infantil.*

Rio de Janeiro: agora pra valer

A prisão desorganiza por completo a vida de Graciliano, que, solto no Rio de Janeiro, vai morar em um quarto de pensão da Rua Correia Dutra. Lá, retoma ideias da crônica "Lampião", publicada no semanário alagoano *Novidade*, e escreve uma série de artigos sobre o problema do cangaço: "Virgulino", "Desordens", "Antônio Silvino", "Dois irmãos", "Dois cangaços", "Cabeças", "O fator econômico no cangaço", entre outros.

Escreve também seu quarto e último romance, *Vidas secas*. Compõe os capítulos como contos independentes para vendê-los a publicações da Argentina e do Brasil, já que precisa de dinheiro para sobreviver. "Baleia", o nono capítulo, foi o primeiro a ser escrito, "Sinha Vitória", o quarto capítulo, foi escrito quase um mês depois.

Além dos artigos e contos espalhados pela imprensa do país, Graciliano escreve, em parceria com Aníbal Machado, Rachel de Queiroz, Jorge Amado e José Lins do Rego, o romance *Brandão entre o mar e o amor*.

Tørken, edição dinamarquesa de *Vidas secas,* 1966

Ilustração de Santa Rosa para a 1ª edição de *Vidas secas*, 1938

Vidas secas

História baseada em cenas de Buíque que nasce nos meses de prisão, *Vidas secas* é escrito entre maio de 1937 e abril de 1938. Dos treze capítulos, dez foram publicados na imprensa carioca antes que o livro viesse a público.

Em carta de 3 de setembro de 1937 ao poeta e militante comunista Octavio Dias Leite, oito meses depois de deixar a prisão, Graciliano refere-se a *Vidas secas* como *Cardinheiras* e diz que o romance será vendido aos pedaços:

Preciso acabar as minhas Cardinheiras. Parece que vai ser este o título do romance. Tranco-me neste quarto horrível e fabrico as coisas mais disparatadas, umas encomendas que entrego a patrões em dias certos. Felizmente à noite trabalho no romance, que não é mercadoria. Não é por enquanto. Mas, depois de feito, será vendido aos pedaços e por atacado. É uma infelicidade. E nem sequer temos um mercado razoável.

Depois a obra terá outro título escolhido por Graciliano, *O mundo coberto de penas*, mudado para *Vidas secas* por sugestão de Daniel Pereira, irmão do editor José Olympio.

O lançamento da obra torna Graciliano Ramos uma figura pública. Por mais que seu discurso autodepreciativo seja eloquente, após a publicação sua voz ganha eco nacional e os críticos dessa época o saúdam como o maior escritor do Brasil, como vemos em suas entrevistas.

Vidas secas foi publicado em diversos países: nos Estados Unidos (*Barren Lives*, 1965); Dinamarca (*Tørken*, 1966); Alemanha (*Nach Eden ist es weit*, 1965); Bélgica (*Vlucht Voor de Droogte*, 1981); Portugal (*Vidas secas*, 1962); Argentina (*Vidas secas*, 1947); Espanha (*Vidas secas*, 1974); Cuba (*Vidas secas*, 1964); Uruguai (*Vidas secas*, 1970); tendo sido traduzido ainda para o búlgaro, catalão, flamengo, esperanto, francês, húngaro, holandês, italiano, polonês, romeno, sueco, tcheco e turco.

Serviço do Patrimonio Historico e Artistico Nacional

ATESTADO DE CAPACIDADE

Atesto que o Sr. Graciliano Ramos tem todos os requisitos morais, intelectuais e culturais para o exercicio de funções publicas e especialmente para as atividades relacionadas com a finalidade do Instituto Nacional do Livro.

Além de excepcional talento de escritor, possue todas as aptidões desejaveis para ocupar cargo tecnico no referido departamento.

Rio de Janeiro, junho de 1938

Atestado de bons antecedentes, dado a Graciliano Ramos pelo secretário de Educação e Saúde de Alagoas

ESTADO DE ALAGÔAS — Brasil

SECRETARIA DO INTERIOR, EDUCAÇÃO E SAÚDE

DIRECTORIA GERAL

N.

A T T E S T A D O
_____

Attesto que GRACILIANO RAMOS, natural deste Estado, casado, jornalista, filho legitimo de Sebastião Ramos e de Dona Maria Ferro Ramos, com 46 annos de idade, actualmente residindo no Rio de Janeiro, durante o tempo em que residiu neste Estado, teve bôa conducta civil e moral.-

SECRETARIA DE ESTADO DOS NEGOCIOS DO INTERIOR, EDUCAÇÃO E SAÚDE, em Maceió,

Rio de Janeiro, 8 de Julho de 1938.

Atestado de idoneidade moral, dado a Graciliano Ramos pelo Serviço do Patrimônio Histórico e Artístico Nacional

Carta a Getúlio Vargas

Em agosto de 1938, Graciliano escreve uma carta a Getúlio Vargas. A carta revela a necessidade do escritor de expressar sua revolta por meio da escrita, pois nunca foi enviada. Nela, Graciliano trata o episódio da prisão com bastante ironia, e o então presidente Getúlio Vargas, como colega de profissão. Além de *Angústia*, o editor José Olympio havia lançado, durante o período da prisão de Graciliano, a coleção de discursos do presidente, com o título *A nova política do Brasil*.

"29 de agosto de 1938.
Exmo. Sr. Dr. Getúlio Vargas:

Peço permissão a V. Excia. para entretê-lo com alguns fatos de pequena importância, referentes a um indivíduo. Desculpe-me V. Excia. importuná-lo com eles: são insignificantes, mas a verdade é que deviam ter sido narrados há quase dois anos. Resumo-os em poucas linhas.

Em princípio de 1936 eu ocupava um cargo na administração de Alagoas. Creio que não servi direito: por circunstâncias alheias à minha vontade, fui remetido para o Rio de maneira bastante desagradável. Percorri vários lugares estranhos e conheci de perto vagabundos, malandros, operários, soldados, jornalistas, médicos, engenheiros e professores da universidade. Só não conheci o delegado da polícia, porque se esqueceram de interrogar-me. Depois de onze meses abriram-me as grades, em silêncio, e nunca mais me incomodaram. Donde concluo que a minha presença aqui não constitui perigo.

Mas eu vivia em Maceió, era lá que trabalhava, embora o meu trabalho tenha sido julgado subversivo. Quando me trouxeram para o Rio, imaginei muitas coisas: que me conservassem detido e arranjassem um processo, que me devolvessem ao lugar donde me tiraram, que me dessem meio de viver em outra parte. Está claro que a comissão incumbida de malhar o extremismo não era obrigada a oferecer-me colocação; retirou-me, porém, o ofício que eu tinha, e até hoje ignoro por que se deu semelhante desastre.

Adotei, em falta de melhor, uma profissão horrível: esta de escrever, difícil para um sujeito que em 1930 era prefeito na roça. Se não me houvesse resignado a ela, provavelmente não estaria agora redigindo estas impertinências, que um negócio de livraria me sugeriu a semana passada. O meu editor referiu-me com entusiasmo a publicação de cinquenta milheiros de discursos de V. Excia. e isto me trouxe a ideia esquisita de que V. Excia. havia descido um pouco. Apesar de vivermos enormemente afastados, dentro de alguns dias nos encontraremos numa vitrine, representados por discursos políticos e por três ou quatro romances. Essa vizinhança me induz a apoquentá-lo, coisa que não teria sido possível antes de 1930.

V. Excia. é um escritor. Mas, embora lance os seus livros com uma tiragem que nos faz inveja, não vai ganhar muito e sabe que neste país a literatura não rende. Andaria tudo bem se tivéssemos exportação, pois o mercado interno é lastimável. Um bluff a exportação. Ultimamente uma companhia americana resolveu traduzir para o espanhol alguns romances brasileiros. Com certeza apareceram dificuldades: as obras escolhidas encalharam. E é provável que circulem na América do Sul os livros da Academia. V. Excia. conhece os livros da Academia? Realmente o sr. conde Affonso Celso entregou a alma a Deus, mas podemos estar certos de que o substituto dele não será melhor. Enfim não possuímos literatura, o que temos é diletantismo, um diletantismo produtor de coisas ordinariamente fracas.

Mas estou descambando em generalidades, e no começo desta carta pedi licença para tratar dum caso pessoal. Como disse a V. Excia., a comissão repressora dum dos extremismos, do primeiro, achou inconveniente que eu permanecesse em Alagoas, trouxe-me para o Rio e concedeu-me hospedagem durante onze meses. Sem motivo, suprimiu-se a hospedagem, o que me causou transtorno considerável. Agora é necessário que eu trabalhe, não apenas em livros, mas em coisas menos aéreas. Ou que o Estado me remeta ao ponto donde me afastou, porque enfim não tive intenção de mudar-me nem de ser literato.

Como declarei a V. Excia., ignoro as razões por que me tornei indesejável na minha terra. Acho, porém, que lá cometi um erro: encontrei 20 mil crianças nas escolas e em três anos coloquei nelas 50 mil, o que produziu celeuma. Os professores ficaram descontentes, creio eu. E o pior é que se matricularam nos grupos da capital muitos negrinhos. Não sei bem se pratiquei outras iniquidades. É possível. Afinal o prejuízo foi pequeno, e lá naturalmente acharam meio de restabelecer a ordem.

Sinto muito, senhor Presidente, haver-lhe roubado alguns minutos. Mas a culpa é de V. Excia., que vai editar o seu livro numa casa onde trabalham sujeitos completamente desconhecidos. Pelo êxito dele, que julgo certo, aqui lhe trago as minhas felicitações.

Caso V. Excia. queira ocupar-se com o assunto desta carta, peço-lhe que se entenda com o meu amigo Mauro de Freitas, uma das poucas pessoas decentes que aqui tenho conhecido.

Apresento-lhe os meus respeitos, senhor Presidente, e confesso-me admirador de V. Excia.

[Graciliano Ramos não assina a carta]

Rio - 29 - Agosto - 1938

Exm. Sr. Dr. Getulio Vargas:

Peço permissão a V. Excia. para entretê-lo com alguns factos de pequena importancia, referentes a um individuo. Desculpe-me V. Excia. importunando com elles: são insignificantes, mas a verdade é que deviam ter sido narrados ha quasi dois annos. Resumo-os em poucas linhas. Em principio de 1936 eu occupava um cargo na administração de Alagôas, que não servi direito: por circumstancias alheias á minha vontade, fui remettido para o Rio de maneira bastante desagradavel. Percorri varios lugares extranhos e conheci de perto vagabundos, malandros, operarios, soldados, jornalistas, medicos, engenheiros e professores de universidade. Só não conheci o delegado de policia, porque se esqueceram de interrogar-me. Depois de uns seis mezes abriram-me as grades, em silencio, e nunca mais me incommodaram. Donde concluo que a minha presença aqui não constitue perigo. Mas eu vivia em Maceió, era lá que trabalhava, embora o meu trabalho tenha sido julgado subversivo. Quando me trouxeram para o Rio, imaginei muitas coisas: que me conservassem detido e arranjassem um processo, que me devolvessem ao lugar donde me tiraram, que me dessem meio de viver em outra parte. Está claro que a commissão incumbida de malhar o extremismo não era obrigada a offerecer-me collocação; retirou-me, porém, o officio que eu tinha, e até hoje ignoro porque se deu semelhante desastre. Adoptei, em falta de melhor, uma profissão horrivel: esta de escrever, difficil para um sujeito que em 1930 era prefeito na roça. Se não me houvesse resignado a ella, provavelmente não estaria agora redigindo estas impertinencias. Um negocio de livraria me suggeriu a semana passada. O meu editor referiu-me com enthusiasmo a publicação de cincoenta milheiros dos discursos de V. Excia. — e isso me trouxe a idéa

Manuscrito da carta a Getúlio Vargas, Rio de Janeiro, 29 de agosto de 1938 (jamais enviada)

3

exquisita
~~mequer~~ de que V. Excia. havia descido um pouco. Apesar de vivermos
~~francamente~~ ~~Apesar~~ enormemente afastados, dentro de alguns dias nos
encontraremos ~~perdidos numa política~~, representados por discursos
políticos e por ~~alguns~~ tres ou quatro romances. Essa vizinhança me induz
a apogreutal-o,
~~uma~~ coisa que não teria sido possível antes de 1930. [V. Excia. é
~~justa~~ um escriptor. Mas, embora lance os seus livros com uma tiragem
que não faz inveja, não vai ganhar muito e sabe que neste paiz
a literatura não rende. Andaria tudo bem se ~~_____~~
                                                                    lastimavel
tivessemos exportação, ~~_____~~ pois o mercado interno é ~~pequeno~~.
Um bluff a exportações. Ultimamente uma companhia americana resolveu
                                                    Com certeza
traduzir para o hespanhol alguns romances brasileiros. ~~_____~~
appareceram difficuldades: as obras escolhidas encalharam. É é provavel
que circulem na America do Sul os livros da Academia. V. Excia.
conhece os livros da Academia? Realmente o sr. conde Affonso Celso
                                                                substituto
entregou a alma a Deus, mas podemos estar certos de que o ~~_____~~
                                                                             possuimos
delle não será melhor. Emfim não ~~_____~~
                                              productor de coisas
literatura, o que temos é dilettantismo, um dilettantismo ~~_____~~
ordinariamente ~~____~~ fracas. ~~_____~~ [Mas estou
descambando em generalidades, e ~~ao começo~~ desta carta pedi licença
para tratar dum caso pessoal. Como disse a V. Excia., a commissão
repressora dum dos extremismos, do primeiro, achou inconveniente
que eu ~~_____~~ permanecesse em ~~V~~Alagôas. Trouxe-me para o Rio e concedeu-
                                                       supprimiu-se
me hospedagem durante onze ~~mezes~~. Sem motivo, ~~a~~ hospedagem, ~~e~~
~~_____~~ o que me causou transtorno consideravel. Agora é necessario
que eu trabalhe, não apenas em livros, mas em ~~_____~~ coisas
sérias. Ou que o Estado me remetta ao ponto donde me afastou,
porque emfim não tive intenção ~~____~~ de mudar-me nem de ser literato.
Como declarei a V. Excia., ignoro as razões por que me tornei
indesejavel na minha terra. Acho, porém, que lá commetti um

Baleia: A força da ilusão
JOSÉ CASTELLO

Escrevi um conto sobre a morte duma cachorra, um troço difícil, como você vê: procurei adivinhar o que se passa na alma duma cachorra. Será que há mesmo alma em cachorro? Não me importo. O meu bicho morre desejando acordar num mundo cheio de preás. Exatamente o que todos nós desejamos. A diferença é que eu quero que eles apareçam antes do sono, e Padre Zé Leite pretende que eles nos venham em sonhos, mas no fundo todos somos como a minha cachorra Baleia e esperamos preás.[1]

Baleia simboliza o poder da ilusão, sem a qual nem bichos, nem humanos conseguimos viver. A cadela está magra e doente. Fabiano resolve sacrificá-la. Sinha Vitória trata de esconder os meninos, para que não assistam à morte brutal. A mãe tapa-lhes os ouvidos, prende a cabeça do mais velho entre as coxas, luta para camuflar a dor. Para negá-la. Assustados, eles adivinham a desgraça. Aqui a ilusão fracassa — mas logo mostrará sua força.

Para proteger a si mesma — primeira vitória da ilusão —, Vitória transforma a dor em repulsa. "Gargarejou muxoxos e nomes feios. Bicho nojento, babão. Inconveniência deixar cachorro doido solto em casa." Mesmo disfarçado, o sofrimento, porém, continua. Também Fabiano tem dificuldades

Ilustração da edição americana de *Vidas secas, Barren Lives*, 1965
[1] Graciliano Ramos em carta a Heloísa Ramos, 7 de maio de 1937.

"Baleia"; foto de Eduardo Teixeira, *Vidas secas 70 anos*, Record, Rio de Janeiro, 2008

Na página ao lado, primeira página do capítulo "Baleia", dos manuscritos de *Vidas secas*

em atirar na cadela. Quer, mas não quer. Uma bala, enfim, lhe inutiliza uma pata e ela foge. Ferida, Baleia sente o desejo de morder Fabiano, mas um sentimento superior, o da lealdade — agora outra ilusão, um laço que o dono desmanchou —, lhe diz que não deve fazer isso.

Mesmo com a angústia que lhe esprime o peito, a cadela — nova ilusão — recorda-se de que lhe cabe vigiar as cabras. Aqui, o sonho toma a forma do dever. Nega, assim, o que lhe aconteceu: "Baleia respira depressa, a boca aberta, os queixos desgovernados, a língua pendente e insensível. Não sabe o que lhe tinha sucedido." Tem vontade de dormir — isto é, de iludir-se. Imagina, então, um real fabuloso, que encobre seu destino sangrento. "Acordaria feliz, num mundo cheio de preás. E lamberia as mãos de Fabiano, um Fabiano enorme." A ilusão vence mais uma vez: mesmo à entrada da morte, o sonho se impõe. Isso a ajuda a não odiar seu matador.

Agarrada à fantasia, a cadela resiste. Recusa-se a ceder à brutalidade do real. Morre, mas com o sentimento de que está ainda mais viva. Um devaneio com um paraíso de preás a salva. A frágil fronteira entre sonho e realidade permite que a imaginação se imponha. Baleia é um símbolo veemente da força da ilusão. Que sempre vence, mesmo quando a esmaga.

José Castello é escritor e jornalista, colunista do caderno Prosa & Verso, de *O Globo*. É autor do romance *Ribamar*, da Bertrand Brasil, e das coletâneas de ensaios literários *Inventário das sombras* e *A literatura na poltrona*, ambos da Record, entre outras obras.

Baleia

Graciliano Ramos

A cachorra Baleia estava para morrer. Tinha emmagrecido, o pêlo cahira em vários pontos, as costellas avultavam num fundo rosea, onde manchas escuras ~~suppuravam~~ lhe supperavam e sangravam, cobertas de moscas. As ~~feridas~~ chagas da boca e a inchação dos beiços difficultavam-lhe a comida e a ~~bebida~~. [Por isso Fabiano ~~nunca~~ ~~~~ imaginara que ella estivesse com um principio de hydrophobia e ~~~~ amarrara-lhe no pescoço um rosario de sabugos de milho queimados. Mas Baleia, sempre de mal a peor, ~~esfregava-se~~ roçava-se nas estacas do curral ou mettia-se no ~~~~ mato, impaciente, ~~~~ enxotava os mosquitos sacudindo as orelhas murchas,

1945-1953

Filiação ao Partido Comunista do Brasil (PCB)
A militância política e a Constituinte de 1946
1945: começo de um período produtivo
Início da redação de *Memórias do cárcere*
Viagem a Moscou

Filiação ao Partido Comunista do Brasil (PCB)

No mesmo mês do lançamento do livro *Infância*, em agosto de 1945, Graciliano Ramos filia-se ao Partido Comunista do Brasil (PCB), pelas mãos de Luís Carlos Prestes.

Um homem que jamais fez discursos ou se candidatou a qualquer grêmio, político ou literário, sente necessidade de filiar-se ao partido, mudando, após a prisão, radicalmente seu comportamento social e político.

Esse fato é destacado pelo jornalista e escritor comunista Ruy Facó, após longa entrevista com o escritor em sua residência, "em meio a imensas pilhas de livros que Graciliano não consente sejam mudados de lugar":

"Foi depois de 1935. O maior romancista vivo do Brasil foi levado pela famigerada polícia-política de então à Colônia Correcional de Dois Rios, onde viveu como preso comum, por simples suspeita de ser comunista! Nenhum fato concreto, nenhuma prova.

Na página ao lado, Graciliano Ramos, 1952

Graciliano discursa na cerimônia de entrega do carnê do PCB, 1945. À sua direita, Portinari; ao lado, Astrojildo Pereira. À sua esquerda, Pedro Pomar e Luís Carlos Prestes

Esta foi a grande prova de fogo de Graciliano Ramos. E se sua origem, seu caráter, sua honestidade faziam com que sempre se voltasse para o povo como fonte de inspiração para sua obra, a prisão o pôs em contato com uma vida diferente, que nem sequer imaginara, obrigando-o a pensar também politicamente (revolucionariamente), já que politicamente (reacionariamente) o prendiam e procuravam... 'reeducá-lo'!

A prisão abriu mais os olhos de Graciliano Ramos, trouxe-o mais para perto da vida, fazendo-o enxergar a vida por ângulos até então imperceptíveis." [1]

Em outra entrevista, também à *Tribuna Popular*, Graciliano declara sentir-se ligado aos companheiros de partido, com os quais teve o primeiro contato na prisão.

Ao visitar, pela primeira vez, Luís Carlos Prestes, disse-lhe que estava inteiramente solidário com todas as ideias dele. Quando, em 1936, fui viver no Pavilhão dos Primários, na sala da Capela, na Colônia Correcional de Dois Rios, e em outros lugares semelhantes, encontrei os excelentes companheiros que hoje trabalham no Partido Comunista. Sempre me senti perfeitamente ligado a eles, e se até agora me limitei a apoiá-los, sem tomar posição de militante, foi por não saber se poderia de qualquer maneira ser útil, nesta agitação em que nos achamos, o trabalho de um ficcionista. [2]

[1] Ruy Facó, "Graciliano Ramos, escritor do povo e militante do PC", Tribuna Popular, Suplemento de Literatura e Arte, Rio de Janeiro, 26 ago. 1945.

[2] "Graciliano Ramos ingressa no Partido Comunista do Brasil e participa da luta pela Constituinte", Tribuna Popular, Rio de Janeiro, 16 ago. 1945.

A militância política e a Constituinte de 1946

Graciliano é um militante disciplinado, que participa de reuniões partidárias, escreve e pronuncia discursos nos coretos, e depois os publica no jornal comunista *Tribuna Popular*. Os discursos — reunidos no livro *Garranchos* — têm cunho político e partidário, principalmente os que lutam pela Constituinte de 1946, como "Esta vontade é a nossa arma: Constituinte", proferido em 19 de setembro e publicado na *Tribuna Popular* em 25 de setembro de 1945; ou "A tarefa principal: Constituinte", proferido em 7 de outubro e publicado em 10 de outubro de 1945; ou ainda "Revolução Russa", proferido em 7 de novembro de 1945.

Em janeiro de 1948, o mandato do senador Luís Carlos Prestes é cassado. Alinhado com o PCB, Graciliano defende o líder comunista, que permanece preso durante todo o Estado Novo: entre as várias tarefas a que se propõe, participa da comissão que defende o mandato e redige uma carta de solidariedade, comunicando a organização da comissão ao senador.

Graciliano, Pablo Neruda, Portinari e Jorge Amado, 1952; quatro intelectuais que, ao lado da literatura e da arte, se dedicam também ao Partido Comunista

Exmo. Sr. Luís Carlos Prestes:

Communicamos a V. Excia. ter sido aqui organizada a Comissão de Defesa do Mandato do Senador Prestes — uma voz nova a juntar-se ao clamor do país contra a reacção empenhada em forçar ao silêncio representantes do povo.

O nosso protesto pouco significa na indignação geral; mas pretende ferir êsses teimosos restos de fascismo caboclo, aparentemente forte no desespêro e já condenado. Essa hidrofobia passará.

Sem dúvida há liberais tímidos, democratas cheios de pruto, a procurar meios difíceis de obedecer às ordens de um patrão mais ou menos estrabiliário, sem desgostar a massa dos eleitores. Não sabendo para onde se deixarão levar tais atitudes; iludir-se-ão possivelmente com pequenas vitórias conversíveis em derrotas.

Sejam quais forem os resultados imediatos das ameaças espumosas de cavalheiros a orar na raiva e no pavor, estamos certos de que em breve êles se ~~s~~ calarão. E os vagidos ditatoriais que nos aborrecem terão fim.

Apresentamos-lhe, Sr. Senador Luís Carlos Prestes, a nossa irrestrita solidariedade.

Página ao lado: manuscrito da carta escrita por Graciliano a Luís Carlos Prestes, em nome da Comissão de Defesa do Mandato do Senador Prestes, sem data

Em 1945, o país começa a voltar à normalidade democrática. Getúlio Vargas cai em outubro desse mesmo ano, a anistia liberta os presos políticos das cadeias, a convocação da Assembleia Constituinte se fortalece, vindo a ser promulgada em setembro de 1946. O Partido Comunista do Brasil ganha legalidade.

Pelo PCB, Graciliano Ramos é candidato a deputado federal por Alagoas para as eleições de 1945, com Jorge Amado, Candido Portinari, Dionélio Machado e Álvaro Moreyra. Apenas Jorge consegue eleger-se.

Embora militante esforçado, Graciliano traz um olhar crítico sobre o socialismo, as arbitrariedades do poder e a política do país, como podemos constatar nas entrevistas, depoimentos e, em especial, na terceira parte do livro *Conversas*, que compila historietas e anedotas sobre as tiradas cáusticas, críticas e bem-humoradas de Graciliano, como este trecho reproduzido pelo político e jornalista Sebastião Nery:

A Revolução Socialista não foi feita no Brasil por causa do português. Pichavam nos muros o slogan de Marx: "Trabalhadores do mundo, uni-vos". Mas quem pichava e quem lia não sabia o que era uni-vos. [3]

Uma versão dessa frase, e seus comentários críticos, é desenvolvida por Graciliano no livro *Angústia*:

"Proletários, uni-vos". Isto era escrito sem vírgula e sem traço, a piche. Que importavam a vírgula, o traço? O conselho estava dado sem eles, claro, numa letra que aumentava e diminuía [...]. Aquela maneira de escrever comendo os sinais indignou-me. Não dispenso as vírgulas e os traços. Quereriam fazer uma revolução sem vírgulas e sem traços. Numa revolução de tal ordem não haveria lugar para mim. Mas então? [4]

Ou ainda este outro caso folclórico contado também por Sebastião Nery:

"Solto, Graciliano foi para a casa de José Lins do Rego. No dia seguinte, Zé Lins levou-o ao Ministério da Educação para agradecer a Gustavo Capanema o pedido que havia feito a Getúlio para libertá-lo. Foram, esteve com Capanema. Na saída, Zé Lins estava feliz:

— O que é bom neste país é isto: há algumas horas você estava num cárcere da Ilha Grande e agora acaba de ser recebido, sem marcar audiência, pelo Ministro da Educação.

— O que você está dizendo é verdade. Mas não esqueça que também pode acontecer o contrário. Pode alguém estar aqui, na cadeira de Ministro, e horas depois estar trancado lá na Ilha Grande. Isto sim é que é Brasil." [5]

[3] Sebastião Nery, "Alagoas". Politika, Rio de Janeiro, n. 31, 22 a 28 maio 1972, "Folklore Politiko", p. 17.

[4] Angústia, Rio de Janeiro, Record, 2011, p. 170.

[5] Sebastião Nery, Folclore político: 1950 histórias. São Paulo, Geração Editorial, 2002, n. 1649, p. 516.

1945: começo de um período produtivo

Em 1945 tem início um período literariamente produtivo para Graciliano Ramos: ele começa a escrever *Memórias do cárcere,* publica *Infância*, seu quinto livro, pela Editora José Olympio, e a coletânea de contos *Dois dedos*, pela *Revista Acadêmica* do Rio de Janeiro.

Em entrevista a Armando Pacheco, na época do lançamento de *Infância*, Graciliano esclarece que não teve a intenção de fazer um livro quando começou a escrever.

Para a entrevista, elabora anotações sobre a composição do livro recém-publicado, faz uma espécie de "organograma literário" e lista os capítulos indicando as datas de sua publicação na imprensa.

Esses manuscritos, que se encontram no Arquivo Graciliano Ramos do IEB-USP, mostram a seriedade do escritor com a palavra e seu compromisso com a entrevista prometida.

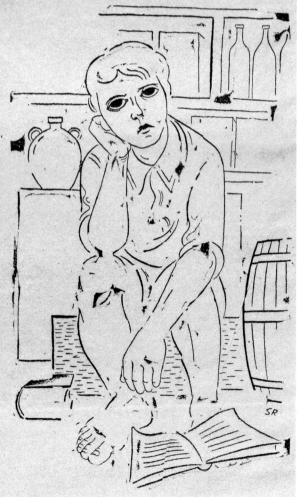

Capítulo de *Infância*, "O menino da mata e seu cão Piloto", ilustração de Santa Rosa, publicado em *O Jornal,* em novembro de 1938

Em 1938, colaborador de alguns jornais, utilizei uma recordação da infância e, a 18 de outubro, escrevi "Samuel Smiles", que publiquei no Diário de Notícias. A 21 de outubro do mesmo ano nova lembrança determinou o meu artigo "Os astrônomos". Veio depois, a 15 de novembro, "O menino da mata e o seu cão Piloto", que saiu em O Jornal. A princípio não tive, pois, a ideia de fazer um livro: o primeiro capítulo nascido foi o trigésimo primeiro do volume agora lançado; o segundo foi o trigésimo; o terceiro, o trigésimo segundo. Assim surgiu este livro.

A 1º de maio de 1939 veio a lume "Um cinturão", o quarto do livro — e só aí, meu caro Armando Pacheco, formei vagamente o projeto de, reavivando pessoas e fatos quase apagados, tentar reconstruir uns anos da meninice perdida no interior. A 3 de junho de 1939 compus "Fernando", o trigésimo terceiro capítulo da série; a 14 de setembro, escrevi "Nuvens", o primeiro, o capítulo que abre este meu livro de memórias. Até o ano passado trabalhei como caranguejo, adiantando-me, atrasando-me, com largas paradas, rápidos acessos de entusiasmo. [6]

Em 1946, a Editora José Olympio publica *Histórias incompletas*, que reúne os contos "Um ladrão", "Luciana", "Minsk"; três capítulos de *Vidas secas*, "Cadeia", "Festa" e "Baleia"; e quatro de *Infância*, "Um incêndio", "Chico Brabo", "Um intervalo" e "Venta-Romba". Em 1947, publica a coletânea de contos *Insônia*, seu sexto livro.

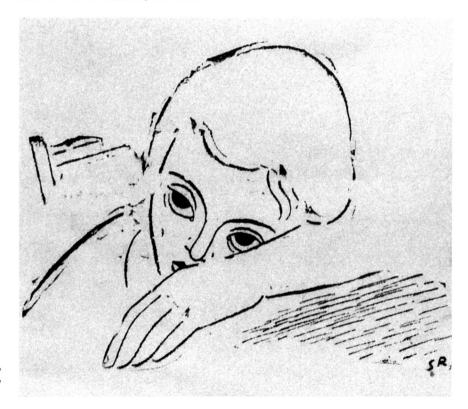

[6] Graciliano em entrevista a Armando Pacheco, "Graciliano Ramos conta como escreveu Infância, seu recente livro de memórias", Vamos Ler!, Rio de Janeiro, 25 out. 1945, p. 26.

Início da redação de *Memórias do cárcere*

O relato das masmorras do Estado Novo começa a ser escrito em 1945. Além de obra de alto nível literário, o livro é um documento histórico dos mais importantes sobre o período retratado, deixando transparecer o sofrimento de Graciliano e sua solidariedade aos inúmeros escritores, artistas, políticos, militares, estudantes, médicos e advogados que sofreram nos calabouços por amor à causa da liberdade e da democracia.

Não desejo trabalhar na imprensa, nem de longe, mas ando a remoer um plano, talvez realizável. Findos alguns compromissos neste resto de ano, iniciarei um trabalho a respeito das prisões de 1936. É difícil e arriscado: tenciono apresentar aquela gente de cuecas, sem muitos disfarces, com os nomes verdadeiros. Necessito autorização das personagens: não tenho o direito de utilizar gente viva num livro de memórias que encerrará talvez inconveniências. Preciso falar sério com os meus companheiros de cadeia. Se fizer o livro, poderei publicá-lo no jornal de Santos, antes de entregá-lo ao editor. Mandarei os capítulos à medida que forem sendo feitos. Foi o que fiz com Infância. [7]

Memórias do cárcere descreve a experiência de Graciliano Ramos nos onze meses de prisão. Em entrevista concedida a Darwin Brandão, para a revista *Manchete*, Heloísa Ramos de Medeiros recorda:

"Em 1945, Graça começou a escrever suas *Memórias do cárcere*. Fez três capítulos sem mencionar pessoas da família ou apresentar qualquer análise de tipos deixados em Alagoas. Ele próprio não estava certo das soluções a utilizar no livro. A leitura desse primeiro esforço não lhe trouxe nenhum entusiasmo. Também me pareceu que as coisas ficavam um pouco no ar. Conversamos, ele tinha escrúpulos em mencionar pessoas vivas. No que me tocava, tirei-lhe as dúvidas. E pouco a pouco, lembrando fatos antigos, passou a achar natural trazer a público pequenos casos pessoais. Então começou a escrever o seu primitivo *Memórias do cárcere*. E a partir daquela época é que me tornei uma das suas personagens. Apareço no livro como ele me via. É claro que, personagem como as outras, não fujo àquela observação inicial: 'omitirei acontecimentos essenciais e ampliarei insignificâncias'." [8]

Em 1949, Amaral Gurgel adapta o romance *S. Bernardo* para o rádio, novela transmitida a partir de 3 de maio, às terças, quintas e sábados, às 20h30, pela Rádio Globo. Ainda nesse ano, Graciliano traduz *A peste*, romance de Albert Camus, para a Editora José Olympio. Um ano depois, torna-se presidente da Associação Brasileira de Escritores (ABDE).

[7] *Carta a Júnio Ramos, 12 de outubro de 1945, Rio de Janeiro.*

[8] *Darwin Brandão, "Graciliano e seus companheiros de cárcere: Doze personagens falam de um autor",* Manchete, *n. 90, 9 jan. 1954, pp. 24-7.*

Viagem a Moscou

Dirigentes do PCB convidam Graciliano a visitar o Leste Europeu, pois o autor é um dos intelectuais que, depois da derrubada do Estado Novo, mergulharam na militância política, filiado ao PCB. Entre abril e junho de 1952, o escritor viaja pela União Soviética, Tchecoslováquia, França e Portugal. Interessa-se por tudo e registra suas impressões em um diário de viagem.

Os manuscritos desse diário, uma caderneta de capa preta e 38 páginas, se encontram no Arquivo do Instituto de Estudos Brasileiros IEB-USP. Na página 23, referindo-se a sua visita à União dos Escritores Georgianos, Graciliano anota:

Só a literatura me interessa e não toda: a de ficção. Pedi que me apresentassem a romancistas, contistas e críticos. Três homens me atendem. Começo o interrogatório. As respostas de Leonidze (presidente da União) e dos três homens, coisas atuais, concretas. Não se usa o russo na literatura, emprega-se exclusivamente o georgiano. Tiragem inicial: 10.000 exemplares, pelo menos; se o livro é bem recebido, cinco edições. O escritor pode viver de seu trabalho. Os meus interlocutores têm livros traduzidos na Rússia, receberam prêmios e são conhecidos em outras repúblicas da Rússia. Não me refiro a eles, refiro-me aos que não têm essa vantagem. Respondem-me que o escritor pode viver de seu trabalho sem ser conhecido, uma só tiragem lhe permite a subsistência dois ou três anos.

Desembarque em Moscou, 28 de abril de 1952

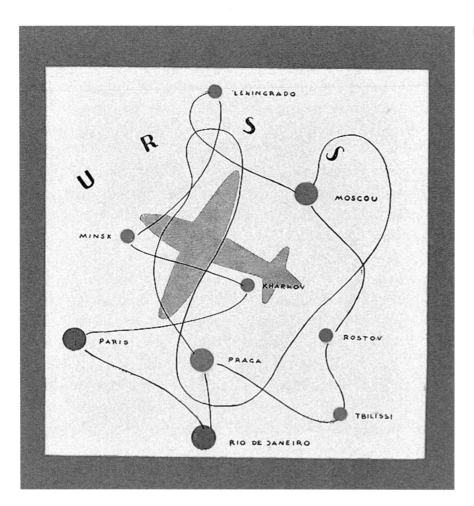

Desenho de Portinari para capa do livro *Viagem*

Viagem, o livro póstumo publicado em 1954, composto das anotações do diário, não apresenta contraste entre o escritor e o político. A curiosidade pela vida literária e política do Leste Europeu é oportuna para Graciliano registrar, e criticar, tudo aquilo que observa. Nesse sentido, no livro o tema da visita à União dos Escritores Georgianos encontra trechos críticos como este:

Disseram-me que era possível o indivíduo ocupar-se de uma só coisa. Achei isso difícil num país de quatro milhões de habitantes, ou menos. Uma questão me preocupava. Naquele exagero de acatamentos aos antigos, não se mobilizavam as letras a renovar a linguagem de Shota Rustaveli.[9] *Nada disso: a língua literária se enriquecia com o elemento popular. Ainda havia escritores alheios à política? Sim, diversos, desconhecidos ou quase: ausentavam-se da massa e esta lhes dava o troco não lhes consumindo. (...) Ao pedir que me autografassem o volume de poesia georgiana, vi nuvens grossas no rosto de Leonidze: com certeza percebera indiscrições na minha parolagem. Embasbaquei. Como diabo descobriu ele honestidade num bicho tropical, rústico, impróprio às amabilidades sociais? Busquei informar-me direito, apenas; de nenhum modo tentei exibir alguma qualidade apreciável.*

Em entrevista a José Guilherme Mendes, Graciliano comenta: *Certas pessoas voltam de lá achando que aquilo é um Paraíso. Outras voltam dizendo horrores. Escreverei uma coisa diferente.... Quero escrever um livro, mostrando que aquilo não é o Paraíso nem o Inferno, pois nada disso existe.* [10]

[9] *Poeta georgiano do século XII, um dos maiores representantes da literatura medieval.*

[10] *José Guilherme Mendes, "Graciliano Ramos: romance é tudo nesta vida",* Manchete, *Rio de Janeiro, 15 nov. 1952, pp. 14-7.*

Graciliano Ramos, 1952

Graciliano retorna da viagem gravemente doente. A enfermidade o impede de trabalhar, mas mesmo assim se envolve com a causa da paz: é conselheiro da Organização Brasileira da Paz e da Cultura, delegado do II Congresso Mundial dos Partidários da Paz e signatário da Conferência Continental pela Paz, em 1952, organizada pelos comunistas e proibida por Getúlio Vargas.

Na véspera da entrada do ano de 1953, sabendo o inevitável, orienta o filho Ricardo quanto aos cuidados a respeito de sua obra:

Preste atenção no que está em livro. Se assinei com meu nome, pode publicar; se usei as iniciais GR, leia com cuidado, veja bem; se usei RO ou GO, tenha mais cuidado ainda. O que fiz sem assinatura ou sem iniciais não vale nada, deve ser besteira, mas pode escapar uma ou outra página menos infeliz. Já com pseudônimo, não. Não sobra uma linha, não deixe sair. E pelo amor de Deus, poesia nunca. Foi tudo uma desgraça. [11]

Em 26 de janeiro de 1953, é internado na Casa de Saúde São Victor, em Botafogo, no Rio de Janeiro. Falece de câncer no pulmão a 20 de março, aos sessenta anos. Neste mesmo ano são publicadas as *Memórias do cárcere*, grande sucesso de público e crítica.

Em 1954, Portinari faz a ilustração para a capa do livro *Viagem*, publicado pela José Olympio nesse mesmo ano. O desenho traz um avião e sua linha de rota pelas cidades de Paris, Rio de Janeiro, Praga, Minsk, Leningrado, Moscou, Rostov, Tbilissi e Kharkov. Acima, a inscrição URSS.

[11] *Ricardo Ramos em Graciliano: retrato fragmentado*, 1ª edição: Editora Siciliano, 1992; 2ª edição: Editora Globo, 2011

Partida do Rio num avião da Panair a 22 de Abril, 5 horas da tarde. Chegada ao Recife às 9 horas da noite. Saída às 10 horas. — Chegada a Dakar às 9 horas da manhã de 23, horário local. Saída às 10 horas. Chegada a Lisboa às três horas da tarde; troca de aviões; entrevista a um repórter. Saída às 4 horas da tarde. Chegada a Paris a meia noite da madrugada de 24; hospedagem no hotel Palais d'Orsay; saio Anatole France; passeio pela cidade: arco do Triunfo, avenida Champs Elysées, obelisco, Notre Dame, Madelaine, Panthéon, Sorbonne, praça Vendôme, Louvre, Instituto, caio no mercado. Pela manhã visita aso alfarrabistas do cais; às onze horas, vamos à embaixada dar: visto no passaporte, encontro com um funcionário pedante, impertinência de um secretário; recomendação a meu respeito de meu companheiro de viagem, sempre de passagem; à tarde, passeio à Rive Gauche; ilhas de São Luís e La Cité, Nossa Sra Chal que pode; cartazes à porta do Partido Comunista pedindo por boa vizinhança. Quartier Latin, cafés existencialistas; jantar Sorbonne, café cheio de intelectuais, mistura de raças;

masculinas. Primário (4 anos), secundário (4 anos), complementar (3 anos).[1] O terceiro ano, aula de francês: leitura, conjugação dos verbos auxiliares (35 alunas). O desfile do segundo ano (30 alunas). A aula de geografia, sétimo ~~primeiro~~ ano; o Brasil: clima, produção, suas cidades: Rio e Baía (30 alunas). Aula de russo, décimo ~~primeiro~~ primeiro ano, último; russo: uma página de Fadieff, prova. A aula de aritmética; crianças de sete anos (primeiro ~~~~ ano). ~~~~~~~~~~~~~~~~~~~~ Projecção cinematográfica; ~~~~ selecção de frutos, Mitchurin (nono ano). O auditório, capacidade para 500 alunas. A biblioteca: oito mil volumes. O pátio de recreio. A grande sala de química. A escola comporta mil e duzentas alunas, tem cinquenta e cinco professores. Dois médicos e um dentista. A directora magra e idosa. Três alunas fazem discursos à saída. Os pioneiros pregam uns distintivos na roupa; Heloísa recebe quatro distintivos. Há mais de cem escolas iguais na cidade. — O rio Kura (Mtkvari). — No dia seguinte, visita ao Combinado Têxtil de ~~Tbilissi~~ Tbilissi. Indústria e instituições sociais: ~~os~~ sanatório, hospital, creche, jardim de infância,

Graciliano e Portinari, uma amizade

Graciliano Ramos e Candido Portinari estão ligados pela amizade, pelo PCB e pelo ponto de vista relativo à função da arte na sociedade contemporânea: a de retratar uma realidade hostil aos mais humildes, por meio da arte e da literatura.

No manuscrito seguinte, que logo depois será um artigo para o *Jornal do Brasil*, "O estranho Portinari", Graciliano aponta a busca do que é essencial para Portinari, que o leva a eliminar tudo que é considerado supérfluo, e observa que, assim como ele próprio, o amigo considera a arte, antes de tudo, um ato de consciência do qual se serve para mostrar a sociedade em que vivem.

Na página ao lado, retrato de Graciliano Ramos, Portinari, 1937, desenho, carvão e papel, 32,5x27,5cm; encomenda feita por Murilo Miranda, diretor da *Revista Acadêmica,* em 1937, três meses após a saída de Graciliano Ramos da prisão

Nota sôbre Portinari

Graciliano Ramos

— Você vai trazer-me o seu livro, disse-me Portinari ao almoço. Quero guardar o livro dos meus amigos. Talvez não tenha tempo de ler tudo, mas quero guardar. Você sabe como é que é. Só tenho tempo de ler isto.

Abriu volumes pesados, técnicos, e álbuns preciosos. Em seguida fomos ao atelier e o trabalho recomeçou, numa conversa meio monologada, que longos silêncios interrompiam. Às cinco horas julguei que a cabeça estivesse pronta: certamente não era preciso acrescentar-lhe um cabelo ou uma ruga. Portinari examinou-a, virou-a, mediu-a, murmurando frases côltas, repetindo uma que se ia tornando estribilho:

— Eles não sabem como é que é.

Tive de lá da cadeira onde me imobilizava, consegui, entortando um pouco os olhos, avistar um pedaço do S. João, que ocupava uma parede da sala pequena. Tinham-me aparecido fotografias dêsse quadro um ano antes, no jornal. Estava então findo, mas a composição continuava. Fôra colorido, branco e negro, novamente colorido, e tinha experimentado numerosas transformações. Corrigira-se o moleguinho que sobe à palmeira; uma lata d'agua mudara de tamanho; o pixaim de mulata vistosa, penteado, estirado com esmero, muito se diferençava da carapinha original. O que me preocupava nessas devastações e renascimentos eram uns sujinhos mestiços que avultam à direita, admirável triade onde se concentrassem, depois de excessivos retoques, os sentimentos e os sentimentos puros da favela. No grupo as minhas simpatias se fixavam na cabrochinha mais taluda, viva, iluminada por um sorriso encantador.

— Ó Portinari, você ainda vai mexer com esta inocente?

— Não. Acho que está acabada.

2

Respirei, com agradecimento e alívio. Mas na outra visita que fiz ao pintor encontrei a minha amiga triste e desfeita: uma sombra perturbara o corrêio maravilhoso. Com certeza essa luz destoava do conjunto.

Homem estranho, Portinari, homem de enorme exigência com a sua criação, indiferente ao gôsto dos outros, capaz de gastar uma enriquecendo uma tela, descobrindo hoje um pormenor razoável, suprimindo-o amanhã, severo, e impiedoso. Dessa produção contínua destruição ficou o essencial, o que lhe pareceu essencial.

Não é arte fácil: teve um longo caminho duro, impôs-se a custo nestes infelizes dias de lôgro e charlatanismo, de poemas feitos em cinco minutos. E até nos espanta que artista assim, tão indisposto a transigências, haja alcançado em vida uma consagração. Devemos, porém, levar em conta as opiniões que não se manifestam porque seria feio discordar da crítica dos Estados-Unidos. Embora considerem disforme o pé do cavador de enxada, cavalheiros prudentes o elogiam. Isto não tira nem põe. Insensível agora às lisonjas, como foi insensível aos ataques naqueles princípios ásperos, o trabalhador honesto continua a aperfeiçoar os seus meios de expressão, alheio às coisas que não lhe imprezzionam o olho agudo. Tudo sacrifica à ocupação que o domina, o tiraniza. Só assim poderá realizar obras que não lhe desagradem. Porque o seu público é êle mesmo. Naturalmente encolhe os ombros a certas admirações:

— Êles não sabem como é que é.

26 - Junho - 1945

No artigo, o velho Graça fala sobre a autoexigência do pintor em seu processo criativo ao descrever as idas e vindas da concepção de *Festa de São João*, óleo sobre tela cuja feitura acompanhou enquanto posava no ateliê do amigo para seu emblemático retrato.

Da cadeira onde me imobilizava, consegui, entortando um pouco os olhos, avistar um pedaço do S. João, que ocupava uma parede da sala pequena. Tinham-me aparecido fotografias desse quadro um ano antes, no jornal. Estava então findo, mas a composição continuava. Fora colorido, branco e negro, novamente colorido, e tinha experimentado numerosas transformações. Corrigira-se o molequinho que sobe na palmeira; a lata d'água mudara de tamanho; o pixaim da mulata vistosa, penteado, estirado com esmero, muito se diferenciava da carapinha original. O que me preocupava nessas devastações e renascimentos eram uns anjinhos mestiços que avultavam à direita, admirável tríade onde se concentram, depois de excessivos retoques, os sentimentos bons e os sentimentos puros da favela. No grupo, as minhas simpatias se fixavam na cabrochinha mais taluda, viva, iluminada por um sorriso encantador.

— Ô Portinari, você ainda vai mexer com esta inocente?

— Não. Acho que está acabada.

Festa de São João, Portinari, 1936-39, pintura a óleo 17,2x19,3cm

É impossível não relacionar, de imediato, o trabalho do escritor e o do pintor. O tom realista que vemos nas telas da série *Retirantes*, de 1944, está bem mais próximo aos acontecimentos de *Vidas secas*, de 1937, do que, por exemplo, as composições, da mesma série, de 1930, com uma aura mais descritiva. Portinari teve em *Vidas secas* uma fonte de inspiração para a série de 1940.

A obra dos dois artistas encontra ainda mais um ponto de convergência: ambos partem da memória, retorcem e retrabalham artisticamente os elementos da realidade para um fim comum: registrar as aflições do ser humano. Ambos veem o homem como motivação para o fazer artístico.

Portinari e sua obra *Retirantes*, 1945

Rio – 13 – fevereiro – 1946

Caríssimo Portinari:

A sua carta chegou muito atrasada, e receio que esta resposta já não o ache fixando na tela a nossa pobre gente da roça. Não há trabalho mais digno, penso eu. Dizem que somos pessimistas e exibimos deformações; contudo as deformações e a miséria existem fora da arte e são cultivadas pelos que nos censuram.

O que às vezes pergunto a mim mesmo, com angústia, Portinari, é isto: se elas desaparecessem, poderíamos continuar a trabalhar? Desejaríamos realmente que elas desaparecessem ou seremos também uns exploradores, tão perversos como os outros, quando expomos desgraças?

Dos quadros que V. me mostrou quando almocei em Cosme Velho pela última vez, o que mais me comoveu foi aquela mãe a segurar a criança morta. Saí de sua casa com um pensamento horrível: numa sociedade sem classes e sem miséria seria possível fazer-se aquilo? Numa vida tranquila e feliz que espécie de arte surgiria? Chego a pensar que teríamos apenas anjinhos côr-de-rosa, e isto me horroriza.

Felizmente a dor existirá sempre, a nossa velha amiga, nada a suprimirá. E seríamos ingratos se desejássemos a supressão dela, não

Manuscrito da carta de Graciliano a Portinari, Rio de Janeiro, 13 de fevereiro de 1946

lhe parece? Veja como os nossos ricaços em geral são burros.

Julgo naturalmente que seria bom enforcá-los, mas se isto nos desse tranquilidade e felicidade, eu ficaria bem desgostoso, porque não nascemos para tal pensaboria. O meu desejo é que, eliminados os ricos de qualquer modo e os sofrimentos causados por êles, venham novos sofrimentos, pois sem isto não temos arte.

E adeus, meu grande Portinari. Muitos abraços para V. e para Maria.

Graciliano

Na carta das páginas anteriores, de fevereiro de 1946, Graciliano relembra uma visita que fez ao pintor, quando viu algumas telas da série *Retirantes* e ficou comovido com a imagem da mãe a segurar a criança morta. Comenta que a força da obra dos dois vem da capacidade que ambos têm de descer o mais fundo possível na miséria humana, como forma de denunciar a realidade circundante:

Dos quadros que você mostrou quando almocei no Cosme Velho pela última vez, o que mais me comoveu foi aquela mãe com a criança morta. Saí de sua casa com um pensamento horrível: numa sociedade sem classes e sem miséria seria possível fazer-se aquilo? Numa vida tranquila e feliz que espécie de arte surgiria? Chego a pensar que faríamos cromos, anjinhos cor-de-rosa, e isto me horroriza. Felizmente a dor existirá sempre, a nossa velha amiga, nada a suprimirá. E seríamos ingratos se desejássemos a supressão dela, não lhe parece?

Criança morta, Portinari, 1944, pintura a óleo, 18x19cm

A política

As trajetórias dos dois artistas acabam confluindo para o Partido Comunista do Brasil. Ambos ingressam no PCB em 1945, Graciliano pelas mãos de Luís Carlos Prestes e Portinari pelas mãos do velho Graça, que assina sua ficha de filiação. Ambos são homens de partido e candidatam-se a deputado pelo PCB, sem conseguir ser eleitos.

Graciliano e Portinari compartilham noções de arte e política, abraçando a tese de que os compromissos ideológicos não devem afetar a liberdade estética. Ambos não aceitam que o Partido interfira na liberdade do trabalho artístico, como podemos perceber na correspondência trocada pelos dois e no artigo de Graciliano "O Partido Comunista e a criação literária" — publicado na *Tribuna Popular* e incluído no livro *Garranchos* (2012) —, no qual nega qualquer divergência entre a liberdade do trabalho artístico e o comunismo.

Luís Carlos Prestes recebe Portinari no PCB. Sentado, Graciliano aplaude, 1945

Os manuscritos:
lugar de peleja pela expressão objetiva

LOURIVAL HOLANDA

Na página ao lado, Graciliano Ramos, 1952

Graciliano se daria bem no espaço do Twitter: amestrou a mão para colocar, na concisão, sua contundência. Lição quase esquecida — e, no entanto, nessa depuração da linguagem há convergência em alguns momentos da cultura: Baltasar Gracián, Valéry, o Conde de Orgaz, o epigrama de Marcial. Em comum essa exigência: entre dois termos, o mais breve.

Nos manuscritos de Graciliano Ramos é fácil ver um escritor que se afirma por negação; na depuração verbal, uma ética da linguagem; a mão graciliana não rasura, elimina (o instrumento não é o bico da pena: é o cigarro molhado no tinteiro); a consciência de uma exigência:

Sempre compusera lentamente; sucedia-lhe ficar diante da folha muitas horas, sem desvanecer a treva mental, buscando em vão agarrar algumas ideias, limpá-las, vesti-las.[1]

[1] Memórias do Cárcere, *Rio de Janeiro, Record, 2014, p. 77.*

Graciliano tira a flacidez da frase (os juazeiros aproximavam-se e afastavam-se / a uma volta do caminho / recuaram, sumiram); e deixa-a só músculo: "os juazeiros aproximaram-se, recuaram, sumiram".

É raro que ele acrescente, como no final de "Mudança":

A lua estava enorme, redonda — que logo depois volta: "A lua crescia, a sombra leitosa crescia, as estrelas foram esmorecendo naquela brancura que enchia a noite".

O Graça sofre um abalo lírico?

Os manuscritos deixam ver em Graciliano tensão e intenção: o nordestino não desce ao exótico: mor de uma peste daquela (nos manuscritos: por amor de); a aragem morna sacudia os xiquexiques e os mandacarus (não acudia, como vem nas edições anteriores); substitui acocorar-se por agachar-se; zangar-se por encolerizar-se.

O propósito dele encontra o de Mário de Andrade, que em carta a Bandeira diz: "Me tenho preocupado muito com não escrever paulista... Por enquanto o problema é brasileiro e nacional." [2]

No episódio de "Cadeia" há uma supressão eloquente. Fabiano foi surrado — e tudo num modo tão repentino que ele não atina a razão da coisa.

"Tinham-no realmente surrado e prendido. Mas era um caso tão esquisito que instantes depois balançava a cabeça, duvidando, apesar das machucaduras. A gente não podia entender as coisas assim de chofre não, precisava tempo socegado [sic]", Graciliano retira a explicação e, no procedimento metonímico, o leitor ganha: o texto dá a ver o desconcerto ante o arbítrio da polícia.

Supressão dos advérbios: Em "Mudança", o filho mais velho não aguenta mais a marcha: "Não obtendo resultado, fustigou desesperadamente com a bainha da faca de ponta." Em "Inverno": "soprou os carvões desesperadamente, enchendo muito as bochechas." Sinha Vitória, ressentida com Fabiano: "Fabiano era ingrato não devia ter falado assim / era ruim porque tinha dito aquilo" — fica apenas: "Fabiano era ruim".

Pode parecer um link arbitrário, mas Clarice Lispector diz que coragem está em falar cada vez menos. E, precisa: "Cada vez mais eu escrevo com menos palavras." [3]

Mas acontece também de a adjetivação ser necessária: "Pelo espírito atribulado do sertanejo passou a ideia de abandonar o filho naquele descampado." Expurgando o adjetivo, Fabiano seria o bruto que supõe ser; a adjetivação diz ali uma contingência, não um caráter.

Há nos manuscritos índices de uma postura quase clássica com relação à linguagem; Graciliano cuida de não abusar porque sabe que a linguagem é, virtualmente, força. Palavras inúteis e talvez perigosas. Os manuscritos: lugar de uma peleja pela expressão objetiva. Os teóricos franceses falam dos manuscritos como *campagnes rédactionnelles*: bela imagem bélica que faz ver ali

[2] Cartas a Manuel Bandeira, *Rio de Janeiro, Ediouro, 1958, p. 86.*

[3] A descoberta do mundo, *Rio de Janeiro, Nova Fronteira, 1984.*

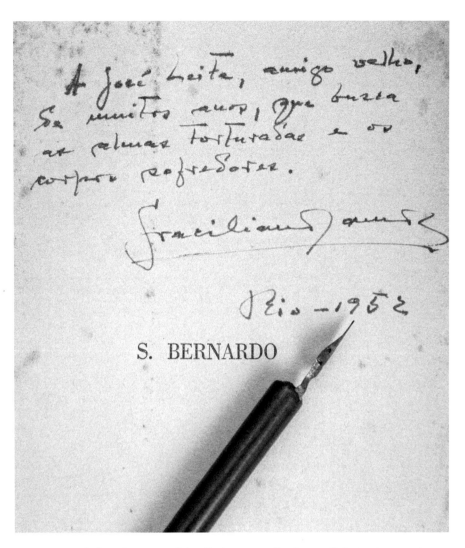

Dedicatória ao padre José Leite no livro *S. Bernardo*

o espaço agônico de uma peleja. O cigarro molhado em tinta tenta exorcizar o fascínio fácil do universo verbal. Em "Festa", Fabiano, insultado, procura a palavra para xingar o soldado. Instantes depois a encontra; e com visível satisfação: "*Descoberta a expressão teimosa, alegrou-se.*"

Quando Valéry diz que *le moderne se contente de peu*, alguns escritores deixam ver aí sua marca. Nathalie Sarraute define seu processo de escrita com as mesmas palavras de Graciliano: *sarclage* é o nosso "desbaste" — de que João Cabral também dá sinal: na operação de catar feijão, deitar fora o que, sem peso, boiar por supérfluo. Nos manuscritos, a dupla angústia: a da estreiteza social, opressora — que reduz Fabiano ao silêncio pelo sequestro social da fala, do espaço de suas reivindicações —; e a angústia da forma, de um discurso que denega a retórica anterior e deixa em suspense seu sentido corrosivo.

Na inflação semântica que ameaça de insignificância a cultura literária, o cuidado de Graciliano com a linguagem serve sempre como uma referência, um norte. No contemporâneo, o empobrecimento da percepção, da tomada de mundo, já se diz desde a indigência vocabular. Por isso a importância dessa exposição dos manuscritos: traz um Graciliano tônico, como um antídoto contra o risco de diluição, da redundância palavrosa de certa vertente midiática.

Lourival Holanda é filósofo, escritor e professor da Universidade Federal de Pernambuco. Publicou *Fato e fábula*, Edua, *Sob o signo do silêncio,* Edusp, e *Álvaro Lins: crítico literário e cultural*. É editor da revista *Estudos Universitários*.

Cadeia

Fabiano tinha ido á feira da cidade comprar mantimentos. Precisava sal, farinha, feijão e rapaduras. Tinha pedira além disso Victoria ~~...~~ uma garrafa de kerozene e um córte ~~...~~ de chita vermelha. Mas o kerozene de seu Ignacio estava misturado com agua, e ~~...~~ a chita da amostra era cara demais.

Fabiano percorreu as lojas, ~~...~~ escolhendo o panno, ~~...~~ regateando um tostão em ~~... ... ...~~ covado, receoso de ser enganado. ~~...~~ Andava irresoluto, uma longa desconfiança dava-lhe gestos obliquos. Á tarde ~~...~~ ~~...~~ pagou o dinheiro, meio tentado, e ~~...~~ logo se arrependeu, certo de que todos os caixeiros furtavam no preço e na medida.

Páginas 1 e 2 do capítulo "Cadeia", dos manuscritos de *Vidas secas*

amarrou as notas na ponta do lenço, ~~...~~
~~...~~ metteu-as na algibeira, ~~...~~
~~...~~
~~...~~ Dirigiu-se á bodega de seu Ignacio, onde guardara os picuás.

Ahi certificou-se novamente de que o kerozene estava baptizado ~~...~~ e decidiu beber uma pinga, pois sentia calor. Seu Ignacio trouxe a garrafa de aguardente. Fabiano virou o copo dum trago, ~~...~~ cuspiu, limpou os beiços ~~...~~
~~...~~
á manga, estrahiu o resto. Já jurar que a cachaça ~~...~~ tinha agua. Porque seria que seu Ignacio botava agua em tudo? perguntou mentalmente. Animou-se a interrogar o ~~...~~
~~...~~ bodegueiro:

— Porque é que vossemecê bota agua em tudo?

Seu Ignacio fingiu não ouvir. E Fabiano foi sentar-se ~~...~~
na calçada, resolvido a conversar. O vocabulario ~~...~~
~~...~~
delle, era pequeno, mas em horas de communicabilidade enriquecia-se com algumas expressões de seu Thomaz da Bolandeira. Pobre de ~~...~~
~~...~~ seu Thomaz. Um homem tão direito sumir-se como ~~...~~ cambembe, andar por este mundo de trouxa nas costas. — Seu

Prosador como o diabo
Conversas de Graciliano Ramos

IEDA LEBENSZTAYN E THIAGO MIO SALLA

Depois de mergulhar no mundo dos livros e descrever, entusiasmado, a cena de um romance que então havia lido, o menino Graciliano Ramos ouviu de seu primo José a reprimenda: "— Falante como o diabo." A literatura operou o milagre: a casca de timidez do menino Graciliano a partir daí fora trincada, e sua voz ecoava. E continuaria a ecoar, apesar da aparente introversão, ao longo de toda a sua trajetória intelectual, sobretudo depois de ele ter se celebrizado como escritor. Nas inúmeras entrevistas, enquetes e depoimentos que concedeu, a contundência de suas opiniões ainda se faz escutar e desperta a atenção dos mais diferentes leitores.

Ao recuperar tal profusão de falas de Graciliano, o livro *Conversas* (2014) possibilita relativizar a imagem do autor como sujeito apenas calado, avesso a bate-papos, e perceber a dimensão crítica de seus silêncios e das palavras que proferiu, às quais não faltavam agudeza, humor, afabilidade. Nesse sentido, enquanto figura pública de destaque (inúmeros entrevistadores colavam a ele o epíteto de "maior romancista vivo do Brasil"), posicionou-se sobre os mais variados temas: de modo crítico, discorreu sobre as conquistas e os limites do modernismo de 1922; manifestou seu prazer diante da abertura do romance de 1930 aos problemas do país; apresentou o modo como compunha seus livros, com destaque para os contos-capítulos de *Vidas secas* e *Infância*; explicitou suas críticas ao fascismo; declarou os motivos que o levaram a se filiar ao Par-

Na página ao lado, Graciliano Ramos, 1952

Thiago Mio Salla é professor do curso de Editoração da ECA-USP. Nesta mesma instituição, defendeu a tese de doutorado *O fio da navalha: Graciliano Ramos e a revista* Cultura Política (2010). Em 2012, pela editora Record, organizou o livro *Garranchos: textos inéditos de Graciliano Ramos*.

Ieda Lebensztayn é doutora em Literatura Brasileira pela FFLCH-USP e fez pós-doutorado no IEB-USP sobre a correspondência de Graciliano Ramos. Autora de *Graciliano Ramos e a* Novidade*: o astrônomo do inferno e os meninos impossíveis*. São Paulo: Hedra, 2010.

tido Comunista do Brasil. E muito mais, pois *Conversas* enfeixa uma miríade de falares do escritor, em que se cruzam sua vida e obra, a iluminar o homem e o artista Graciliano.

Não por acaso, a exposição *Conversas de Graciliano Ramos* tomou emprestado o título dessa obra. Na medida em que ela se propõe a conectar as falas de Graciliano ao percurso artístico e político do escritor, os vídeos, fotos e textos expostos abrem espaço para essa faceta loquaz do artista, que se empenhou na compreensão do outro (ato que está na matriz etimológica da palavra "conversar"). Nesse processo, tornam-se ainda mais explícitos a força de sua arte e seu desejo de dar voz à sua consciência, inconformada com a naturalização da violência e de iniquidades.

GloboNews Literatura Graciliano Ramos
Uma conversa

A primeira reação de quem ler esta entrevista ou assistir a ela poderá ser, talvez, contestar sua veracidade. Econômico em palavras, Graciliano Ramos se dispôs a uma sabatina de quase quarenta perguntas com muita calma, humor e serenidade?

O escritor sempre foi objeto de interesse de jornais e revistas, principalmente depois da publicação de *Vidas secas*. As conversas que teve entre 1910 a 1952 constituem um material excepcional para saber como Graciliano Ramos se via e encarava a própria obra. Compiladas no livro *Conversas*, foram a base deste bate-papo entre o escritor e jornalista da GloboNews Edney Silvestre e o mestre Graça, representado pelo ator Marat Descartes.

Diante dos variados assuntos sobre os quais Graciliano se pronunciou ao longo da vida — a literatura, a política, a ditadura getulista, a profissão de escritor, o modernismo, as influências, a vida —, o que se procurou fazer nesta entrevista foi organizar cronologicamente suas posições, deixando transparecer a maneira como o escritor sempre se relacionou com a imprensa: conversando.

Julgar esta entrevista falsa, porque ficcional, seria como negar a existência dos objetos da ficção. Mesmo não sendo "real", ela se baseia inteiramente nas palavras de Graciliano publicadas na imprensa, buscando ampliar o conhecimento sobre a vida e a obra do romancista alagoano. Ao mesmo tempo é ficção, também, na medida em que a ficção é sempre mais sofisticada e real do que a farsa, do que a mentira.

As imagens de Graciliano/Marat — em voz sempre baixa, acendendo um cigarro depois de outro, baforando forte ou segurando entre os dedos a guimba — conversando com Edney Silvestre criam um ar de familiaridade com o grande escritor, cuja trajetória pessoal e literária chega a um público mais amplo através do *GloboNews Literatura*, que se notabilizou por valorizar e registrar a literatura contemporânea.

A seguir, uma conversa com Graciliano Ramos de que os leitores de seus romances não podem prescindir.

Na página ao lado, gravação do programa *GloboNews Literatura Graciliano Ramos*

Graciliano, como fazer um romance?

Então você quer saber como se faz um romance? Mas eu ainda não escrevi nenhum romance.

E *Caetés* e *Angústia*?

Mas não são romances. São duas borracheiras.

E se você me contasse como escreveu esses dois livros?

Posso contar. Mas acha que serve?

Serve.

É uma história que começa há muitos anos, lá por volta de 1924. Você sabe onde fica Palmeira dos Índios?

Não.

É em Alagoas. Em 1924, comecei a rabiscar um conto. Chamava-se "A carta". Era uma coisa horrorosa, você nem pode fazer ideia.

Imagine que era um conto bem desenvolvido e que não tinha nenhum diálogo. Tudo descrição. Uma pinoia. Do ponto de vista acadêmico, era um conto perfeito. Nenhum galicismo, nenhum solecismo. Tudo, tudo perfeitinho. Só faltava uma coisa: ser um conto mais ou menos aproveitável...

Ainda neste mesmo ano eu tive vontade de fazer uma "galeria de criminosos". Em 1925, escrevi outro conto. Mas era a mesma bobagem do primeiro. Em tudo muito correto. Correto demais, sabe?

E como se chamava esse conto?

"Entre grades". Como vê, um nome até interessante.

Um ano depois tentei um terceiro conto. Procurei fazer alguma coisa diferente. Entre as diferenças que introduzi, estava principalmente o diálogo. E foi assim que saiu *Caetés*. Mas fique sabendo de uma coisa desde já: *Caetés* não é romance de espécie alguma; é uma droga completa.

E *S. Bernardo*?

S. Bernardo foi escrito em português, depois traduzido para brasileiro, um brasileiro encrencado, muito diferente desses que aparecem nos livros de gente da cidade, um brasileiro de matuto, com uma quantidade enorme de belezas que eu mesmo nem suspeitava que existissem. O resultado é que a coisa tem períodos incompreensíveis para a gente letrada do asfalto e dos cafés. Mas servirá muito para a formação, ou, antes, para a fixação da língua nacional. Quem sabe daqui a trezentos anos eu não serei um clássico? Os idiotas que estudarem gramática lerão *S. Bernardo*, cochilando, e procurarão nos monólogos de seu Paulo Honório exemplos de boa linguagem.

E *Angústia*?

Angústia é um livro mal escrito. Matei Julião Tavares em vinte e sete dias; o último capítulo, um delírio enorme, foi arranjado numa noite. Naturalmente seria indispensável recompor tudo, suprimir excrescências, cortar pelo menos a quarta parte da narrativa. A cadeia impediu-me essa operação. A 3 de março de 1936 dei o manuscrito à datilógrafa e no mesmo dia fui preso. O romance foi publicado em agosto. Não se conferiu a cópia com o original. Imagine. E a revisão preencheu as lacunas metendo horrores na história. Só muito mais tarde os vi. Um assunto bom sacrificado, foi o que me pareceu. Seria preciso fazê-lo de novo.

Vidas secas?

Vidas secas é um romance cujos capítulos podem ser considerados como contos. Publiquei vários deles em jornais, aqui e na Argentina. O livro tem, entretanto, unidade, e o entrelaçamento dos capítulos forma a tessitura perfeita de um romance. Apenas cinco personagens: um homem, uma mulher, dois meninos e uma cachorrinha. Com essa comparsaria limitadíssima, criei o meu mundo. Comecei pelo fim, pelo capítulo "Baleia", a história da cachorra. Como você vê, nunca tive um método que pudesse ensinar ou aconselhar a alguém. Cada um dos meus romances teve uma história diferente.

Vidas secas passa-se na zona árida do sertão?

Sim, mas não me preocupo em pintar o meio. O que me interessa é o homem, o homem daquela região aspérrima. Procurei auscultar a alma do ser rude e quase primitivo que mora na zona mais recuada do sertão, observar a reação desse espírito bronco ante o mundo exterior, isto é, a hostilidade do mundo físico e da injustiça humana. Por pouco que o selvagem pense — e os meus personagens são quase selvagens —, o que ele pensa merece anotação.

Fale sobre *Infância*.

Em 1938, colaborador de alguns jornais, utilizei uma recordação da infância e escrevi "Samuel Smiles", que publiquei no *Diário de Notícias*. No mesmo ano nova lembrança determinou o meu artigo "Os astrônomos". Veio depois "O menino da mata e o seu cão Piloto", que saiu em *O Jornal*. A princípio não tive, pois, a ideia de fazer um livro: o primeiro capítulo nascido foi o trigésimo primeiro; o segundo foi o trigésimo; o terceiro, o trigésimo segundo. Assim surgiu este livro.

Em 1939 veio a lume "Um cinturão", o quarto do livro — e só aí formei vagamente o projeto de, reavivando pessoas e fatos quase apagados, tentar reconstruir uns anos da meninice perdida no interior.

Quantos anos você levou para escrever *Infância*?

Consumi quase seis anos a pingar duzentas e setenta e nove páginas. Refaço tudo, sempre. Escrever dá muito trabalho. Não gosto do que escrevo, mas sinto satisfação no que escrevo.

Dizem que o romance brasileiro está em crise. O senhor concorda?

A literatura, no Brasil como em todo o mundo, está relacionada ao adiantamento do país. E, como nós todos sabemos, o Brasil não é um país independente. A literatura acha-se sempre a serviço duma classe. Em nosso país a classe dominante — que é a burguesia — está em decadência, também a literatura está decadente. Aliás, dizer que está decadente talvez não seja certo: ela nunca existiu. É verdade que estamos numa fase pior, e é por isso que os escritores brasileiros procuram fazer a chamada "literatura de fuga".

E qual a saída para os escritores brasileiros?

Só existe uma: a revolução. Os escritores de hoje e de amanhã têm que ser os escritores da revolução.

Você é um homem que se mantém bem informado a respeito do que se passa no Rio e no resto do mundo, deve ter acompanhado, lá de Palmeira dos Índios, o movimento modernista.

Claro que acompanhei.

E que impressão lhe ficou do modernismo?

Muito ruim. Sempre achei aquilo uma tapeação desonesta. Salvo raríssimas exceções, os modernistas brasileiros eram uns cabotinos. Enquanto outros procuravam estudar alguma coisa, ver, sentir, eles importavam Marinetti.

O senhor não exclui ninguém dessa condenação?

Já disse: "salvo raríssimas exceções". Está visto que excluo Bandeira, por exemplo, que, aliás, não é propriamente modernista. Fez sonetos, foi parnasiano.

Os modernistas brasileiros, confundindo o ambiente literário do país com a Academia, traçaram linhas divisórias rígidas (mas arbitrárias) entre o bom e o mau. E, querendo destruir tudo que ficara para trás, condenaram, por ignorância ou safadeza, muita coisa que merecia ser salva. Não concordo com a estreiteza dos conceitos de geração nova ou velha, não posso admitir tais limitações. Estou organizando uma antologia de contos brasileiros e encontrei "velhos" do movimento modernista e muitos "novos" do século passado que seriam grandes em qualquer literatura.

Quer dizer que não se considera modernista?

Que ideia! Enquanto os rapazes de 22 promoviam seu movimentozinho, achava-me em Palmeira dos Índios, em pleno sertão alagoano, vendendo chita no balcão.

E como foi que chegou a prefeito da cidade?

Assassinaram o meu antecessor. Escolheram-me por acaso. Fui eleito, naquele velho sistema das atas falsas, os defuntos votando (o sistema no Brasil anterior a 30), e fiquei vinte e sete meses na prefeitura.

Consta que, como prefeito, soltava os presos para que fossem abrir estradas...

Não era bem isso. Prendia os vagabundos, obrigava-os a trabalhar. E consegui fazer, no município de Palmeira dos Índios, um pedaço de estrada e uma terraplenagem difícil.

Em que ano foi isso?

Em 1930.

O ano do relatório...

Os relatórios são dois: há o de 29 e o de 30.

Relatórios do prefeito ao governador do estado, dando contas de sua administração, não é?

Justo. Apenas, como a linguagem não era a habitualmente usada em trabalhos dessa natureza, e porque neles eu dava às coisas seus verdadeiros nomes, causaram um escarcéu medonho. O primeiro foi comentado no Brasil inteiro. Houve jornais que o transcreveram integralmente.

E assim nasceu o escritor...

Não. Nasceu antes. Mas tinha o bom senso de queimar os romances que escrevia. Queimaram-se diversos. *Caetés*, infelizmente, escapou e veio à publicidade.

Sr. Graciliano, como está a saúde?

Desde que deixei a cadeia, nunca mais fui o mesmo. Minha saúde vai em altos e baixos. Um dia estou muito bem, outro dia passo mal que é uma desgraça. A casca é forte e teimosa.

Qual o motivo da prisão?

Sei lá! Talvez ligações com a Aliança Nacional Libertadora, ligações que, no entanto, não existiam. De qualquer maneira, acho desnecessário rememorar estas coisas, porque tudo aparecerá nas *Memórias da prisão,* que estou compondo.

Foi assim, então, que veio para o Rio?

Arrastado, preso.

Que influências literárias tem sofrido?

Dostoiévski, Tolstói, Balzac, Zola e Victor Hugo. [corrige logo] Não, Victor Hugo, não.

Entre os russos, tem preferência especial por Tolstói ou Dostoiévski: qual dos dois considera maior?

Tolstói. Mas Tolstói eu não considero apenas o maior dos russos: é o maior da humanidade.

Mas há muita gente que diz: no Brasil, o maior é velho Graça.

Eu, o maior?! Não concordo com isso, não. Sou até dos menores. Eu não tenho imaginação.

Tem cavalheiro que pensa que escreve. Não escreve, escrevinha. Escrever é uma coisa, escrevinhar é outra. Aqui no Brasil, os nossos críticos vivem a dizer que "fulano tem estilo", o "estilo de sicrano". Bobagem. Estilo quem tem é Stendhal, são os russos do século passado, é Dickens. Quem tem estilo aqui no Brasil? Machado, talvez.

Os escritores brasileiros, e falo dos escritores de agora e mesmo os do passado, podem no meu entender ser divididos em duas categorias: os que têm maneira de escrever, e são poucos, e os que têm jeito, que são alguns mais numerosos. O resto é porcaria.

E Graciliano tem maneira ou jeito?

Jeito.

Obrigado pela maravilhosa entrevista, e para terminar, mestre Graça, acredita na permanência de sua obra?

Não vale nada; a rigor até já desapareceu.

Crédito das fotografias e dos documentos

8 – Graciliano Ramos, Maceió, AL, 1935 – Acervo IEB-USP

10 – Luiza e Ricardo de Medeiros Ramos, 1933 – Acervo Museu Casa Graciliano Ramos

13 – Infância, Rio de janeiro, José Olympio, 1945 – Acervo IEB-USP

14 – Graciliano Ramos, Rio de Janeiro, 1949 – Acervo IEB-USP/Foto de Kurt Klagsbrunn

16 – Graciliano Ramos, Rio de Janeiro, 1950 – Acervo IEB-USP

18 – Lavadeiras, Portinari, 1951, pintura guache – Acervo Projeto Portinari

1892-1926

22 – Casa onde Graciliano nasceu, Quebrangulo, AL – Acervo IEB-USP

24 – Sítio Pintadinho, Buíque, PE – Foto de Evandro Teixeira, 2008

25 – Casa da Ladeira da Matriz – Acervo Arquivo Público de Alagoas/APA

26 – Vista de Viçosa, AL – Acervo IEB-USP

27 – Palmeira dos Índios, AL, década de 1920 – Acervo Museu Casa Graciliano Ramos

28 – Rio de Janeiro, década de 1920

29 – Nota fiscal da loja Sincera, 1920 – Acervo Museu Casa Graciliano Ramos

30 – Palmeira dos Índios, AL, 1920, moradores e alunos – Acervo Museu Casa Graciliano Ramos

31 – Jornal O Índio, Palmeira dos Índios, 1921 – Acervo Museu Casa Graciliano Ramos

1927-1935

34 – Graciliano Ramos – Acervo Luiza Ramos Amado

36 – Casa onde Graciliano Ramos morou, Palmeira dos Índios, AL – Foto de Walter Craveiro, 2014

37 – Prefeitura de Palmeira dos Índios, AL – Foto de Walter Craveiro, 2014

38/39 – Relatório publicado no Diário Oficial do Estado de Alagoas, 1930 – Acervo Arquivo Público de Alagoas/APA

40 – Maceió,1930, prédio do café Cupertino – Acervo Arquivo Público de Alagoas/APA

41 – Ilustração do capítulo "Cadeia", Vidas secas, Momento Feminino, 1951 – Acervo Hemeroteca Digital da Biblioteca Nacional – BN

42 – Cangaceiro atirando, Portinari, 1956, pintura a óleo – Acervo Projeto Portinari

1936-1944

46 – Graciliano Ramos, 1936, arquivo DOPS – Acervo IEB-USP

48/49 – As forças revolucionárias, Maceió,1930 – Acervo Arquivo Público de Alagoas/APA

50 – Colônia Penal Cândido Mendes, Ilha Grande – Foto de André Cypriano, 1993

51 – Ilustração Nelson Boeira Faedrich, A terra dos meninos pelados, 1939 – Acervo IEB-USP

52 – Ilustração Jean-Claude Ramos Alphen, A terra dos meninos pelados, 2014 – Acervo Editora Record

54 – Tørken, edição dinamarquesa de Vidas secas, 1966 – Acervo IEB-USP

56 – Atestado de bons antecedentes, 1938 – Acervo de Luiza Ramos Amado

55 – Ilustração de Santa Rosa para a 1ª edição de Vidas secas, 1938 – Acervo IEB-USP

57 – Atestado de idoneidade moral,1938 – Acervo de Luiza Ramos Amado

60/61 – Manuscrito da carta a Getúlio Vargas, Rio de Janeiro, 1938 – Acervo de Luiza Ramos Amado

62 – Barren Lives, ilustração da edição americana de Vidas secas, 1965 – Acervo IEB-USP

64 – "Baleia", Vidas secas 70 anos – Foto de Evandro Teixeira, 2008

65 – Manuscrito da 1ª página de "Baleia", de Vidas secas – Acervo IEB-USP

1945-1953

    68 – Graciliano Ramos, 1952 – Acervo IEB-USP

    70 – Graciliano discursa na cerimônia de entrega do carnê do PCB, 1945 – Acervo IEB-USP

    71 – Graciliano Ramos, Pablo Neruda, Portinari e Jorge Amado, 1952 – Acervo Projeto Portinari

    72 – Manuscrito da carta a Luís Carlos Prestes, sem data – Acervo IEB-USP

    74/75 – "O menino da mata e seu cão Piloto", O Jornal – Acervo Museu Casa Graciliano Ramos

    77 – Desembarque em Moscou, 28 de abril de 1952 – Acervo IEB-USP

    78 – Desenho de Portinari para o livro Viagem – Acervo IEB-USP

    79 – Graciliano Ramos, 1952 – Acervo IEB-USP

    80/81 – Diário de viagem, 1952 – Acervo Museu Casa Graciliano Ramos

Graciliano e Portinari

    82 – Retrato de Graciliano Ramos, Portinari, 1937, desenho a carvão – Acervo Projeto Portinari

    84/85 – Manuscrito do artigo "Nota sobre Portinari", 1943 – Acervo Projeto Portinari

    86 – Festa de São João, Portinari, 1936-39, pintura a óleo – Acervo Projeto Portinari

    87 – Portinari e sua obra Retirantes, 1945 – Acervo Projeto Portinari

    88/89 – Manuscrito da carta de Graciliano Ramos a Portinari, 1946 – Acervo Projeto Portinari

    90 – Criança morta, Portinari, 1944, tela sobre óleo – Acervo Projeto Portinari

    91 – Luís Carlos Prestes recebe Portinari no PCB, 1945 – Acervo Projeto Portinari

Manuscritos

    92 – Graciliano Ramos, 1952 – Acervo IEB-USP

    95 – Dedicatória ao padre José Leite, S. Bernardo – Acervo Museu Casa Graciliano Ramos / Foto de Walter Craveiro

    96/97 – Páginas 1 e 2 do capítulo "Cadeia", dos manuscritos de Vidas secas – Acervo IEB-USP

Prosador como o diabo: conversas de Graciliano Ramos

    98 – Graciliano Ramos, 1952 – Acervo IEB-USP

GloboNews Literatura

    102 – Gravação do GloboNews Literatura Graciliano Ramos – Acervo GloboNews / Foto de Paulo Belote

Acervos de entrevistas consultados

    Acervo da Biblioteca da ECA-USP: "Graciliano Ramos", O Cruzeiro

    Acervo da Biblioteca do IEB-USP: Darwin Brandão, "Graciliano e seus companheiros de cárcere: Doze personagens falam de um autor"; Joel Silveira, "Perfil apressado do velho Graça"; Joel Silveira, "Graciliano conta a sua vida"

    Acervo da Fundação Biblioteca Nacional, RJ: Armando Pacheco, "Graciliano Ramos conta como escreveu Infância, seu recente livro de memórias"; Francisco de Assis Barbosa, "A vida de Graciliano Ramos"; "Graciliano Ramos ingressa no Partido Comunista do Brasil e participa da luta pela Constituinte", Tribuna Popular; João Condé, "Os Arquivos Implacáveis: Diário 14"; Osório Nunes, "O modernismo morreu?"; Ruy Facó, "Graciliano Ramos, escritor do povo e militante do PC"; Sebastião Nery, "Alagoas"

    Acervo de Antonio Carlos Secchin: Homero Senna, "Como eles são fora da literatura: Graciliano Ramos"

    Arquivo Graciliano Ramos, IEB-USP: José Guilherme Mendes, "Graciliano Ramos: romance é tudo nesta vida"

    Banco de Dados do Grupo Folha: "Afirma Graciliano Ramos: 'Não me considero um escritor'."

Todos os esforços foram feitos para determinar os direitos de propriedade dos documentos e fotografias apresentados no catálogo e na respectiva exposição. Sendo identificados outros direitos de propriedade, a autora se compromete a citá-los.

FICHA TÉCNICA

Curadoria e produção executiva
Selma Caetano

Consultoria literária
Wander Melo Miranda

Pesquisa e consultoria técnica
Ieda Lebensztayn e Thiago Mio Salla

Revisão
Maria Caú

Fotografia
André Cypriano, Evandro Teixeira e Walter Craveiro

Reprodução dos originais
Walter Craveiro

Projeto gráfico e tratamento de imagem
Felipe Caetano | Milagres Estúdio Gráfico

FICHA TÉCNICA EXPOSIÇÃO

Projeto de arquitetura e expografia
Juan Cabello Arribas e André Doval | Fazemos Arquitetura

Cenografia
Juan Cabello Arribas e Selma Caetano

Montagem
Scenica Cenografia

Vídeos:

Linhas do tempo: 1892-1926; 1927-1935; 1936-1944; 1945-1953
"A palavra foi feita para dizer"
"Baleia"
"Graciliano e Portinari, uma amizade"
Depoimentos
Graciliano para crianças e jovens
Conceito e direção
Natan Bergstein e Rudi Anker | Imagem e vídeo
Fotografia Domingos Bernardino Jr.
Áudio Denis Carvalho

"Na escuridão aprendi o valor enorme das palavras"
Conceito e direção Eder Santos
Imagens André Hallak e Leandro Aragão
Música Gil Camara

Manuscritos
Conceito e direção Walter Craveiro
Texto Lourival Holanda

GloboNews Literatura: "Graciliano Ramos"
Editora-chefe, roteiro e edição Andréa Escobar
Imagens Flávio Alexim, Marco Aurélio e Sebastião Miotto
Diretor de fotografia C. Paquetá

Realização

Apoio